Mein
Anna und Manolis
gewidmet

Heinz Brast

NUR EIN EINZIGES WORT

HEINZ BRAST

ROMAN

Über den Autor

Heinz Brast, geb. 1940 in Deutschland, wanderte 1977 mit Familie nach Kanada aus. Hier war er über 20 Jahre im deutsch-kanadischen Investitionsgeschäft tätig. 1983 schrieb er sein erstes Buch "Kanada, Ihre neue Heimat", welches vom ZDF als dreiteilige Serie "Kanadische Träume" unter der Redaktion von Dr. Claus Beling erfolgreich verfilmt wurde.

Danach folgte das Drehbuch "Die Rückkehr" mit Gerhard Lippert u. Christine Neubauer als Hauptdarsteller, ebenfalls erfolgreich ausgestrahlt vom ZDF.

In den darauffolgenden Jahren betätigte sich Heinz Brast als freiberuflicher Journalist und schrieb über 120 Artikel über Land und Leute in Kanada, vorzugsweise aber über Indianer und Mennoniten, veröffentlicht in den Zeitschriften und Magazinen "Deutsche Presse", "Kanada Journal", "Kanada Kurier" und anderen einschlägigen Publikationen.

An der renommierten "New York Institute of Photography" erwarb der Leica-Fotograf im Jahre 2008 das begehrte Zertifikat als "Professsional Photographer".

Dieses Buch ist auch als Kindle eBook
im Amazon Bücher Shop erhältlich.

1. Auflage
1. Taschenbuchausgabe Dez 2013

Gestaltung & Publishing: Jochen Böning

ISBN-13: 978-1494320690
ISBN-10: 149432069X

Kapitel 1: Der Traum vom Glück

Fast lautlos gleitet die dunkelblaue Mercedes-Benz S 63 AMG Limousine auf der Südautobahn A2 aus Wien kommend, in Richtung Graz. Die zu bewältigende Strecke nach Ebenthal in der Nähe des Wörthersees beträgt jetzt etwa noch eine Stunde. Nur wenn Maximilian Hofstetter kurzzeitig den schweren Wagen zu einem Überholvorgang beschleunigt, macht sich der Motor mit einem dunklen Grollen bemerkbar.

Fabian Bauer, durch eines dieser Manöver aus seinem leichten Schlaf gerissen, richtet sich im Fond der Limousine auf. Momentan leicht verwirrt, bringt erst das laute Lachen seines Chauffeurs ihn vollends in die Wirklichkeit zurück.

„Na Chef, tut mir leid, falls ich dich unsanft geweckt haben sollte. Aber der Trottel vor uns hat halt für eine ganze Weile die linke Fahrspur blockiert."

„Brauchst mir nichts vorzuspielen, Max, ich habe in all den Jahren mit dir gelernt zu wissen, wann dich dein Bleifuß juckt." Während sich Max nach einem prüfenden Blick in den Rückspiegel wieder auf seine Fahrkünste konzentriert, schließt Fabian seine Augen. In kürzester Zeit ist er, einem Trancezustand gleich, ins Reich der Träume versunken. Ja, er war ein berühmter Sänger vor rund zehn Jahren. Viele Experten behaupteten sogar, er sei der größte Heldentenor seiner Zeit. Angebote über Angebote häuften sich, unter anderem Metropolitan New York, London Symphonie, Berliner Symphonie, Salzburg, Wien und Bayreuth waren nur einige Stationen seiner immer ausverkauften Auftritte.

Doch Gabi, seine erste und wahre große Liebe, lernte er erst bei einem unvorhergesehenen Besuch des „Falkenberg Schlosshotels“ in Velden am Wörthersee kennen. Er hatte sich ein paar Tage „Auszeit“ gegönnt, eigentlich nur ein Wochenende. Zwei seiner besten Freunde, wie er in der Nähe von Nürnberg zu Hause, hatten einschließlich ihrer Ehefrauen, ein langes Wochenende am Wörthersee in Österreich vorgeplant. Während eines geselligen Weinabends in der Gartenlaube eines dieser Freunde wurde der Trip kurzerhand beschlossen und Fabian als Ehrengast natürlich mit eingeladen.

Alles wäre auch harmonisch verlaufen, wäre da nicht die hübsche junge Frau rückwärts vom Anlegesteg des ‚Schlosshotels‘ in Velden in den See gefallen. Kurz entschlossen sprang Fabian Bauer, in voller Tennismontur gekleidet, hinterher und hob mit seinen starken Armen das nach Luft schnappende und wasserspeiende Wesen auf den Landungssteg. Das hübsche Ding gestand ihm zwar, dass sie nicht schwimmen konnte, *er* aber der eigentliche Grund ihres unfreiwilligen Bades sei, während sie sich ihm als Gabi Haas vorstellte.

Als nämlich Fabian, flankiert von seinen beiden

Freunden den Anlegesteg betrat, hatte sie ihn auf Anhieb erkannt. Vor Aufregung zitternd, wollte sie gerade ihrer einige Meter entfernt auf sie wartenden Freundin zuflüstern: ‚Das ist doch der berühmte Fab...' kam sie nicht weiter, weil der nächste Schritt rückwärts sie schlicht und einfach im Wasser landen ließ.

Behutsam legte Fabian eine Decke über ihre zitternden Schultern und begleitete sie zurück zum Hotel. Sie heimlich von der Seite betrachtend, stellte er fest, dass nicht einmal ihr ‚Makeup' verschmiert oder verlaufen war, weil sie keines benutzte. Sie war so wie sie war, einfach natürlich und ausgesprochen hübsch. Sie bis zu ihrer Zimmertüre begleitend, lud er sie und wer immer sich noch in ihrer Begleitung befand, zu einem Glas Wein auf der Hotelterrasse ein.

Etwa eine Stunde später wurde sie, einschließlich ihrer Freundin von einem freundlichen Kellner zu dem von einem Sonnenschirm überdachten Tisch auf der Terrasse vor dem Café des Hotels begleitet. Als sie plötzlich vor ihm stand, blieb dem gegen alles Gewappnete und besonders wenn Frauen im Spiel waren, Fabian Bauer, fast der Verstand stehen. Was da vor ihm stand, war eine weibliche Schönheit aus einer Traumwelt.

Das naturblonde Haar hing in losen Strähnen über ihren bloßen Schultern. Ein nur mit Bändern gehaltenes azurblaues Sommerkleid passte sich farblich den saphirblauen Augen ihrer Trägerin an. Die freundliche Ausstrahlung in ihren Gesichtszügen, die Grübchen in

…n Wangen, ihr schüchternes Lächeln, alles war an ihr so perfekt positioniert, dass Fabian in seiner Aufregung vergaß, sie seinen Freunden vorzustellen.

Schon auf dem Weg vorhin ins Hotel, als er sie noch fast argwöhnisch von der Seite betrachtete, war ihm bereits klar geworden, dass er höllisch aufpassen musste, wollte er sich nicht augenblicklich in das für ihn völlig unbekannte Geschöpf verlieben. Es war nämlich für ihn nicht das erste Mal, dass er sich auf Anhieb in eine weibliche Person verknallt hatte. Doch das Glück hatte dabei oftmals nicht sehr hilfreich an seiner Seite gestanden. Die meisten der es ihm angetanen Damen hatten es entweder nur auf sein Geld oder es darauf abgesehen, durch ihn einen bestimmten Bekanntheitsgrad zu erlangen.

Sicherlich spielte auch sein Äußeres eine große Rolle. Immerhin hatte er eine stattliche Größe von 1.86 Meter aufzuweisen. Seine kastanienbraunen Haare zeigten an den Schläfen bereits die ersten Grautöne. Gepaart mit seinen ausdrucksvollen stahlblauen Augen verliehen alle diese Voraussetzungen ihm ohne weiteres das Aussehen eines distinguierten Traummannes.

Doch an jenem Tag im Juli vor elf Jahren veränderte sich sein Leben schlagartig. Während Gabi den Anwesenden verriet, dass sie nicht schwimmen konnte, gestand sie ihnen und ganz besonders auch Fabian, dass sie ihren Schock von vorhin noch keinesfalls gänzlich überwunden habe. Immerhin war ihr in ihrem bisherigen Leben noch nie die Gelegenheit geboten worden, einem so berühmten Mann zu begegnen, ganz zu schweigen davon, von demselben in ein Gespräch verwickelt oder sogar zu einem Drink eingeladen zu werden.

Mit einem freundlichen, aber spitzbübischen Lachen im Gesicht, welches die Grübchen in ihren Wangen voll zur Geltung brachte, erwähnte sie in der ihr eigenen Erzählkunst, dass sie nun total überrascht sei, dass der berühmte Tenor Fabian Bauer auch nur ein Mensch sei. Wie sie jetzt selber feststellen konnte, sogar ein ganz normaler.

So ganz nebenbei erzählte sie, dass sie einer deutsch-slowenischen Volksgruppe, den ‚Gottscheer' angehörte. Deren Familien hatten sich während des ‚Zweiten Weltkrieges' um den Wörthersee niedergelassen, da sie aus ihrer angestammten Heimat ‚Gottschee' in Slowenien ausgesiedelt worden waren. Hier in Klagenfurt, Ebenthal, Krumpendorf, Pörtschach, Velden und einigen anderen Orten hatten sie nun eine neue Heimat gefunden. Jedoch waren auch viele von ihnen nach Kriegsende aus Österreich und Deutschland weiter nach Kanada und in die U.S.A. immigriert, um dort ihr Glück zu versuchen.

Als Fabian dann noch mehr beiläufig erfuhr, dass Gabi weder verheiratet noch verlobt war und zurzeit in keiner anderen männlichen Verbindung stand, lud er sie kurzerhand zu seinem nächsten Auftritt in Salzburg ein und startete damit eine Verbindung, die eigentlich fürs ganze Leben bestimmt sein sollte.

Doch das Schicksal hatte für die beiden Liebenden andere Pläne als die, die ihrer eigenen Vorstellung entsprachen.

Eineinhalb Jahre nach ihrem Kennenlernen schlossen sie den Bund fürs Leben und gaben sich das ‚Jawort' in einer kleinen Klosterkirche in der Nähe von Nürnberg, der Heimat Fabians. In den darauffolgenden zwei Jahren begleitete Gabi ihren Fabian auf den meisten seiner Tourneen rund um die Welt. Beide waren trotz der Hektik und des Stresses, welche ihre ständigen Begleiter waren, ein Herz und eine Seele. Respekt und Liebe zu- und füreinander wuchsen täglich und ließen sie bald das Traumpaar in der Märchenwelt aller Medien werden.

In Ebenthal, nur einige Kilometer von dem Ort ihrer ersten Begegnung, fand das Paar ein reizvolles Stück Land, welches die beiden spontan erwarben. Hier in Gabis Heimat, die auch das Zuhause vieler ihrer ‚Gottscheer' Landsleute war, fühlten sie sich in der wenigen ihnen verbliebenen Freizeit am wohlsten. Als wenn das Glück sie noch nicht genug beschenkt hätte, wartete schließlich die wohl größte Überraschung auf sie, als Gabi ihrem Fabian mitteilte, dass sie ein Baby erwartete. Natürlich wurde der Hausbau in Ebenthal schnellstens vorangetrieben, sollte doch das neue Erdenleben bereits hier zur Welt gebracht werden.

Aber dann, vollkommen unvorhergesehen, zeigte das Schicksal seine andere Gesichtshälfte. Zehn Tage bevor der angekündigten Geburt verspürte Gabi plötzlich kaum auszuhaltende Unterleibsschmerzen, bekam starke Blutungen und wurde per Hubschrauber auf schnellstem Weg in die ‚Maria Hilf' Klinik in Klagenfurt eingeliefert. Die bereits auf ihre Ankunft wartenden Ärzte diagnostizierten neben den starken Blutungen eine äußerst seltene Infektion, führten eine Notoperation durch und konnten das zu früh geborene Baby retten. Doch für Gabi kam jede Hilfe zu spät. Am Abend ihrer Einlieferung um 23Uhr18 kam ihr Herz für immer zum Stillstand. Alle Wiederbelebungsversuche blieben erfolglos.

Obwohl ein neues Leben geboren war, ein kleines zierliches Mädchen hatte gerade das Licht der Welt erblickt, machte das Leben für Fabian absolut keinen Sinn mehr. Alles was er so sehr liebte, war ihm mit einem Schlag genommen worden. Ein unsäglicher Schmerz, gepaart mit tiefer Trauer und einer unüberwindlichen Hilflosigkeit bemächtigte sich seiner.

In den ersten Stunden nach ihrem Tode war ihm nicht Mal klar, wo er sich befand und was geschehen war. Als er Stunden später etliche der auf ihn einströmenden Geschehnisse verarbeitet hatte, entstand neben den Gedanken der Wehmut und Trauer auch eine Art von Hass gegen alle und alles was ihm in den Weg kam. Seine neugeborene Tochter wollte er nicht einmal sehen, hatte sie ihm doch, das hatte sich in seinen wirren Gedanken so eingeschlichen, das Liebste, was er besessen hatte, weggenommen. Zumindest trug sie, wie er es in seinem momentanen Zustand beurteilte, einen Teil der Schuld daran.

Die nächsten Wochen und Monate nach Gabis Beisetzung bedeuteten für Fabian Bauer eine Höllen Durchwanderung zu seinen Lebzeiten. Die Zeit blieb jedoch nicht stehen, sie heilte auch nicht seine Wunden, doch sie linderte seinen Schmerz.

Wie schon vorhin erwähnt, ein Unglück kommt selten allein. Fabian hatte bis auf weiteres alle vorgesehenen Termine und Auftritte abgesagt. Als er endlich bereit war, neue Programmtermine einzugehen und mit den Gesangsproben beginnen wollte, wurde ihm sehr schnell klar, dass seine wunderschöne Stimme unter den geschehenen Ereignissen sehr gelitten hatte. Wenn immer es zu schwierigeren Partituren kam, versagte sie ihm vollkommen. Schlagartig wurde ihm bewusst, dass dies schlicht und einfach das „Aus" seiner großartigen Karriere war. Außerdem stellte er zu seinem größten Erstaunen fest, dass ihm auch die Tränendrüsen seiner Augen ihren Dienst versagten, er konnte einfach nicht mehr weinen.

Doch alle diese unschönen Dinge störten ihn kaum. Alle seine früher so sensiblen Züge waren aus seinen Gesicht, Körper und Geist gewichen. In relativ kurzer Zeit hatte er sich in einen knallharten und unbeugsamen Geschäftsmann verwandelt.

Von seinem Millionenkonto und den monatlich eingehenden Tantiemen erwarb er die marode „Transatlantic Global Airlines". Diese brachte er mit einem unverkennbaren Geschäftssinn, aber auch mit Härte und oftmals nicht in dem erforderlichen Maße notwendiger Brutalität relativ schnell in die Gewinnzahlen.

Gerade deshalb hatte er ja auch heute in Wien-Schwechat mit den dortigen Vertretern der Luftfahrtbehörde zusammengesessen, um Start- und Landeerlaubnisse für die ‚Transatlantic Global' zu erwerben. Wenn er über solche Geschäftsaktionen in anderen Ländern in der Vergangenheit verhandelte, hatte er oftmals nur ein Gegenüber; wenn's brenzlig wurde, jedoch auch schon mehreren Verhandlungspartnern gegenüber gesessen. Doch das hier zuständige Team war gleich mit sechs Personen aufgetaucht. Es wäre dennoch auch für Fabian in ordentlichen Bahnen verlaufen, doch innerhalb der ersten dreißig Minuten waren die sechs Anwesenden untereinander so zerstritten, dass es Fabian Bauer eine gehörige Anstrengung aller seiner Sinne bedurfte, wollte und konnte er dem Ansinnen und den Forderungen dieser Beamten nachkommen.'

Als der schnelle Mercedes-Benz S 63 AMG mit Max am Steuer, jetzt die Südautobahn verlässt und sich in den Verkehr der Bundesstraße # 70 einfädelt, erwacht Fabian vollends aus seinen Träumereien, während Max ihn darauf aufmerksam macht, dass man ohne weitere Verzögerungen innerhalb der nächsten dreißig Minuten zu Hause ankommen wird.

Kapitel 2: Stefanie

Das „Bauer Estate“ mit dem im Landhausstil errichtetem Gebäudekomplex befindet sich in südlicher Lage am Dorf Ende von Ebenthal auf einer etwa einen Hektar großen Landfläche. Das hintere Ende des Grundstücks wird von einem gepflegten Mischwald eingerahmt, der mit Wanderwegen durchzogen, zu langen Spaziergängen geradezu einlädt. Ein mit viel Holzschnitzereien verziertes Haus, im typischen Kärntener Baustil errichtet, beherbergt einen zweieinhalbstöckigen Wohntrakt im Vorderteil, während das mit einem verglasten Durchgang verbundene Hinterteil des Hauses mit den Wohnräumen des Haushälterpaares Maximilian und Anni Hofstetter ausgebaut ist.

Das inzwischen leicht betagte Paar hatte schon in den Diensten von Fabians Eltern gestanden, als diese noch ihren Wohnsitz in der Nähe von Nürnberg in Deutschland hatten. Nach deren Tod und dem plötzlichen Schicksalsschlag für Fabian, hatten sie es als selbstverständlich angesehen, an seiner Seite zu stehen. Und so waren sie mit Fabian und Gabi nach Ebenthal gezogen und bewohnten nun den hinteren Teil des Landhauses. Mit allen ihnen zur Verfügung stehenden Kräften bemühten sie sich, Fabians heranwachsende Tochter Stefanie mit Liebe, Sorgfalt und unendlicher Güte den fehlenden Elternteil, nämlich ihre Mutter, so gut wie nur eben möglich, zu ersetzen. Von Stefanie, die inzwischen fast ihr achtes Lebensjahr erreicht hat, werden sie nur als ‚Opa Max' und ‚Oma Anni' angesehen und dementsprechend respektiert und verehrt.

Heute ist ein besonders emsiger Tag im ‚Bauer Haus'. Die kleine Stefanie hat in den letzten zwei Stunden ihrer ‚Oma Anni' mindestens ein halbes Dutzend Mal immer wieder die gleiche Frage gestellt:

„'Oma Anni', wann kommt denn der Papa endlich?" Doch auch die Antwort ist immer die gleiche: „Beruhige dich mein Kind, dein Papa wird rechtzeitig zu seiner Geburtstagsfeier hier sein." Heute, am 31. August wird Fabian Bauer nämlich 45 Jahre alt. Ein Geburtstag, dem er nach dem Tode seiner geliebten Frau Gabi im Gegensatz zu seiner Tochter keinen besonderen Wert beimisst. Dennoch hat Anni alle Vorbereitungen für eine kleine, aber dennoch geschmackvolle Geburtstagsfeier getroffen.

Der Esszimmertisch ist dezent mit feinem Porzellan gedeckt, jedoch nur für sechs Personen. Fabian, als das Geburtstagskind nimmt selbstverständlich den Ehrenplatz am Kopfende des Tisches ein. Rechts neben ihm wird seine baldige Verlobte, die Freifrau Christine von Junkerndorf sitzen. Daneben ist der einzige derzeit verbliebene enge Freund Fabians, nämlich der Dorfpfarrer Peter Weiler platziert. Während Anni darauf bestanden hat, das andere Kopfende in Beschlag zu nehmen, sitzt linkerhand neben ihr dann ihr Max. Der nun einzige noch freie Platz neben ihrem geliebten Vater ist natürlich der kleinen Stefanie vorbehalten.

Heute Morgen, bevor Fabian und Max sich auf die Reise nach Wien begaben, hatte Fabian seiner Tochter Stefanie hoch und heilig versprechen müssen, dass er am gleichen Nachmittag so früh wie nur möglich nach Hause kommen werde, schließlich ist ja heute sein Geburtstag.

Inzwischen hat er sich zwar mehrmals telefonisch gemeldet, das letzte Mal noch aus Wien, doch nur drei Minuten zurück war es Max der seiner Anni die Ankunft der beiden Männer mit lakonischen Worten mitteilt:

„In genau dreißig Minuten werden wir vor der Haustüre stehen!"

Anni nutzt die Zeit bis zu der angekündigten Ankunft, um der kleinen Stefanie noch einige Benehmens- und Verhaltensregeln einzutrichtern, denn wie schon der Volksmund sagt: ‚Da ist nämlich noch ein Haar in der Suppe.' Ihre Gedanken schweifen fast automatisch zwei Jahre zurück, zurück zu jenen denkwürdigen Tag, der für alle Beteiligten einer der schwierigsten im Leben war und fast eine wunderbare Freundschaft zerstört hätte.

Stefanie ist nicht nur ein äußerst hübsches, sondern auch ein sehr aufgewecktes und intelligentes Kind. Somit ist sie den gleichaltrigen Kindern im nahen Ebenthal meistens um mehr als eine Nasenlänge voraus. Doch mit den Vorteilen, die sie in ihrem Altersstadium vorweisen kann, haben sich naturgemäß auch einige Nachteile in ihr behütetes Kinderleben eingeschlichen. Nach dem Tode ihrer Mutter Gabi versuchte die von Fabian angeheuerte Pädagogin Frieda Neumann als auch Max und Anni mit viel Liebe und Geschick der kleinen Stefanie das nun einmal nicht vorhandene Gefühl von Mutterliebe und Geborgenheit zu vermitteln.

Nach Stefanies ersten Kinderjahren war es bald nicht mehr zu verbergen, dass das Kind mehr und mehr ein Ebenbild seiner Mutter sein würde. Aber hatte nicht gerade Fabian während seiner Trauerperiode und geistigen Umwandlung vom poetischen Sänger in einen rücksichtslosen Geschäftsmann alles aus seinem Gesichtsfeld verbannt, was ihn an seine geliebte Gabi erinnerte? Das allerschlimmste Ereignis hätte ihn fast noch die Freundschaft und Trennung von Maximilian und Anni Hofstetter gekostet.

Stefanie war im letzten Monat gerade mal sechs Jahre alt geworden als Max sie an dem betreffenden Nachmittag von der Schule abholte und Anni das Kind nach einer kurzen Erfrischung ankleiden wollte, riss sich Stefanie von der Hand ihrer sonst so geliebten ‚Oma Anni' los. Mit einem herzzerbrechenden Weinen, schrie sie nur immer wieder und wieder:

„Ich will eine Mama, ich will eine Mama, alle anderen Kinder haben eine Mama, ich will meine Mama."

Max und Anni gaben sich alle nur erdenkliche Mühe, das in seinen Gefühlen aufgewühlte Kind zu beruhigen. Während dieser kritischen Situation versagte Fabian Bauer, vielleicht das erste und auch einzige Mal, total.

Hilflos lief er auf der großen Terrasse vor dem Haus hin und her, immer wieder schreiend:

„Ich will das Wort ‚Mama' nie wieder hören, Stefanie, hörst du mich, ich verbiete dir das Wort ‚Mama' jemals wieder in den Mund zu nehmen!"

Total aufgeregt und gefühlsmäßig an einer Grenzlinie angelangt, lief er ins Haus, rannte so schnell ihn seine Füße tragen konnten, ins Obergeschoß und schloss sich für die nächsten Stunden in seinem Zimmer ein. Erst am Abend, etwa gegen neun Uhr, stieg er kreidebleich die Treppe herunter. Für eine lange Weile blieb er auf der untersten Treppenstufe sitzen und starrte wie versteinert auf die gegenüberliegende Hallenwand.

Nachdem Anni die kleine Stefanie zu Bett gebracht hat, versuchte sie zusammen mit Max, Fabian zum Sprechen zu bringen, jedoch ohne jeglichen Erfolg. Erst der kommende Morgen mit seinem strahlenden Sonnenschein, brachte auch eine Lösung in das Dunkel über Fabians Verhalten und die ihn befallene Verzweiflung des verflossenen Abends.

Es war erst sechs Uhr morgens, als Max und Anni, fast eingeschüchtert wirkend, die Küche betraten. An dem kleinen Tisch mit dem Blick zum Garten hin, saß Fabian bereits eine Tasse mit frisch gebrühtem Kaffee in beiden Händen haltend. Seine Augen noch rot gerändert, erhob er sich beim Eintritt der Beiden. Er war sich sichtlich darüber im Klaren, wie groß sein Versagen gestern war und seine Entschuldigung fiel auch dementsprechend aus. Ohne Vorwarnung schritt Max auf ihn zu und was er vorher noch nie getan hatte oder es sich gewagt hätte zu tun, trat nun ein. Er schloss seine starken Arme um Fabian, schaute ihm kerzengerade in die Augen, bevor er zu sprechen begann:

„Fabian, du bist der Sohn, den ich mir immer gewünscht habe und meine Anni denkt genau wie ich. Deine Gefühle haben dir gestern nur nochmal gezeigt, dass du auch nicht immun dagegen bist. Wenn Stefanie gleich aufwacht, musst du aber derjenige sein, der alles wieder ins Gleichgewicht bringt. Anni und ich werden dir nur eine Hilfestellung geben können."

„Ja Max, es tut mir so schrecklich leid, ich werde das in Ordnung bringen. Du weißt, dass nach Gabis Tod etliche Frauen versuchten, sich in mein Leben zu drängen, aber keine war die Richtige. Deshalb möchte ich unter allen Umständen vermeiden, dass sich irgendeine weibliche Person in das Herz meines Kindes einschleicht, sich ihr Vertrauen erwirbt und das Kind sie sogar ‚Mama' nennen wird. Bitte nehmt mir das nicht übel, aber wenn und ob sie jemals jemanden wieder mit ‚Mama' ansprechen darf, das will ich ganz alleine entscheiden. Wenn die Liebe zu einer Person des anderen Geschlechts nochmals mein Herz erreichen kann, wird es mein Kind auch instinktiv erkennen."

Dabei blieb es und auch Stefanie spürte bereits in ihrem kindlichen Gemüt, dass es im Leben unüberwindliche Hürden gab, die man einfach auch respektieren musste.

Wie aus einem bösen Traum erwachend, schreckt ‚Oma Anni' auf, als die kleine Stefanie nach ihrer Hand greift, mit ihren blitzblauen Augen zu ihr hochschaut und mit einem strahlenden Lachen ruft:„ In wenigen Minuten sind der Papa und ‚Opa Max' da!"

Kapitel 3: Die Geburtstagsfeier

Glücklicherweise liegt das alles nun fast zwei Jahre zurück. Gerade fährt Max von der Landstraße #100 in den Waldweg ein, der zur ‚Bauer Residenz' führt und stoppt die Limousine zentimetergenau vor der Toröffnung, die den mit Blumen und Ziersträuchern flankierten Zufahrtsweg zum Haus absperrt.

Mit einem Knopfdruck auf seine Fernbedienung schiebt sich das schmiedeeiserne Eingangstor zur Seite und gibt den Weg zum Haus und der seitlich angrenzenden Garage frei.

Direkt vor der Garageneinfahrt steht bereits seit einigen Minuten die kleine Stefanie, ihre langen blonden Haare zu einem Zopf zusammengeflochten und sehnsüchtig auf ihren Vater wartend. In beiden Händen hält sie einen eigenhändig gepflückten Blumenstrauß aus Feldblumen als sie vor ihrem Vater steht und mit einem kleinen Knicks ihre selbstgebastelten Geburtstagsgrüße vorträgt. Fabian Bauer lauscht andächtig ihren Worten. Irgendwie scheint es ihm unmöglich, seine Augen von ihren lieblichen Gesichtszügen zu lösen. Doch dann bückt er sich, hebt sie hoch und drückt ihr zierliches Gesicht fest an seine Wangen. Anni entgeht nicht, dass seine Augenlider einen feuchten Schimmer aufweisen, denn Tränen hat auch sie nach Gabis Tod nie wieder in seinem Gesicht wahrgenommen.

Fast ruckartig setzt Fabian sein kleines Töchterlein zurück auf den Steinboden. Mit freundlichem, ja fast lachendem Gesicht, wie Max und Anni es seit langem nicht mehr bei ihm wahrgenommen haben, schaut er zu ihnen herüber:

„So, bevor ihr mir jetzt auch noch hier draußen gratulieren wollt, gehen wir doch erst mal ins Haus. Nachdem ich mich kurz erfrische, könnt ihr, Max und Anni, eine Flasche Champagner bereitstellen. Noch bevor Christine und Peter kommen, möchte ich nur mit euch anstoßen. Jetzt ergibt sich auch gerade mal die Gelegenheit, euch beiden für alles zu danken, was ihr nicht nur im vergangenen Jahr, sondern auch in den Jahren davor für mich und ganz besonders für meine kleine Stefanie getan habt. Glaubt mir, ich weiß sehr wohl, dass der kleine Unschuldsengel öfter als genug in Schabernacke verwickelt ist und ihr das immer ausbügeln müsst.

Ohne weitere Worte verschwindet Fabian im Haus, um nach nicht einmal dreißig Minuten wieder salopp gekleidet, auf der Terrasse zu erscheinen. Jetzt ergibt sich endlich für ihn die passende Gelegenheit um mit seinen Liebsten, die er nicht und niemals wie Angestellte, sondern in allen Jahren zuvor wie enge Familienmitglieder behandelt hat, mit einem Glas Champagner anzustoßen und ein außerordentliches „Dankeschön" an sie auszusprechen.

Auch Stefanie hat sich in ihren Kreis eingereiht. Ihr schmuckes Köpfchen mit den langen blonden Haaren, an ‚Oma Annis' Körper geschmiegt, lauscht sie der aufgeheiterten Unterhaltung zwischen Max, Anni und

Fabian.

Als dann aber die Unterhaltung zwar nur für einen Moment, aber dennoch ins Stocken kommt, schaut sie zu ihrem Vater auf und die Worte sprudeln nur so aus ihr heraus:

„Papa, hast du noch gar nichts bemerkt? ‚Oma Anni' und ich sind extra gestern nach Klagenfurt gefahren um mir ein neues Dirndl für deinen Geburtstag zu kaufen. Aber wie willst du das auch merken! Männer sind eben Männer und du bist auch nicht besser."

„Aber mein Engelchen, glaub' mir, du bist halt mit oder ohne ‚neuem Dirndl' so bezaubernd, dass man dich einfach nur lieb haben kann. So nun komm mal her, schließlich möchte ich von dir heute den schönsten und liebsten Geburtstagskuss bekommen."

„Papa, du meinst noch lieber als den, den du heute von Tante Christine bekommen wirst?"

„Ja, deiner wird der Liebste und Beste sein aber du musst mir auch etwas Besonderes versprechen, heute an meinem Geburtstag keinen Streich und keinen Schabernack mit Tante Christine zu spielen, versprochen?"

„Ja, Papa, versprochen und großes Ehrenwort!"

Kaum war das letzte Wort ihrem Munde entschlüpft, macht sich auch schon jemand durch lautes Hupen am Eingangstor des stattlichen Anwesens bemerkbar. Der rennwagengrüne Jaguar XK Cabriolet mit der Freifrau Christine von Junkerndorf am Steuer steht vor dem schmiedeeisernen Tor und begehrt durch ihre Huperei Einlass in das Estate.

Noch während Fabian die Fernbedienung zum Toröffnen betätigt, ist Stefanie bereits seinen Händen entschlüpft und durch die geöffnete Verandatür ins Haus gelaufen, rennt die Treppe zum ersten Stockwerk hoch und schließt sich in ihr Zimmer ein. Max und Anni, die das Schauspiel beobachten, werfen sich einen vielsagenden Blick zu. Auch ihnen ist Christine, die soeben ihrem Sportwagen entsteigt und die Seitentreppe zur Terrasse hochsteigt, nicht gerade die sympathischste Person der Welt.

Über jeden Zweifel erhaben, ist Christine mit ihren sportlich geschnittenen kastanienbraunen Haaren und ihren geradezu auffallend rehbraunen Augen bereits äußerlich eine Erscheinung, nach der sich die meisten Männer wohl beim Vorbeigehen nochmals umdrehen würden.

Heute, zur Geburtstagsfeier von Fabian, trägt sie ein sommerliches Trachtenkleid, dessen geradezu auffallende Eleganz und dennoch unaufdringliche und dezente Machart durch eine bronzefarbene Schürze noch deutlicher hervorgehoben wird.

Während sie die zur Seite getretenen „Hausmohren“, wie sie oft Max und Anni in unverschämter Weise bezeichnet, weder begrüßt noch beachtet, schreitet sie zielstrebig auf ihren Fabian zu und legt mit einer auffallenden Gebärde ihre Arme um seinen Hals. Als wollte sich ihr Mund nie wieder von seinem lösen, küsst sie ihn solange, bis er endlich ihre Arme von seinem Hals zu seiner Hüfte hinunter bugsiert.

„Mein lieber Schatz, zu deinem heutigen Ehrentag wünsche ich nicht nur dir, sondern uns beiden alles Glück dieser Erde und dass das Schicksal uns bald für immer zusammenschweißt." Fabian lacht:

„Die fünf Monate bis Weihnachten werden wir wohl noch durchstehen und dann wirst du sehen, wie schnell die Zeit bis zur Hochzeit verfliegt!"

Christine, die bisher den beiden Haushältern ihren Rücken zukehrt, dreht sich mit einer schnellen Umdrehung Max und Anni zu, um sie beide gleichzeitig anzusprechen:

„Würdet ihr jetzt den Champagner servieren, bevor er zu warm wird!" Kein ‚Bitte', mehr oder weniger nur eine kurze, klare Anweisung. Doch jetzt schaltet sich Fabian, Anni und Max anschauend, ein:

„Nein, nein, bitte jetzt noch nicht. Warten wir doch noch einen Moment, Peter wird bestimmt jeden Moment um die Ecke kommen."

Mit diesen Worten ist sein bester und auch einziger Freund, der ihm in den letzten Jahren verblieben ist, nämlich der Dorfpfarrer von Ebenthal, Peter Weiler, gemeint.

Fast acht Jahre sind inzwischen ins Land gezogen und immer wenn Fabian Bauer von Schwermut überwältigt wurde, wenn er daran zweifelte, ob das Leben für ihn noch einen Sinn hatte, stand ihm sein Freund Peter mit Rat und Tat zur Seite. Der einfache Seelsorger war inzwischen für Fabian *der* Freund geworden, dem er voll vertraute und der auch absolut alles über ihn wusste. Zu ihm hat sich in den schweren Jahren seit Gabis Tod eine Vertrauensbasis gebildet, wie Fabian sie vorher nur zu einer einzigen anderen Person hatte, nämlich seiner heißgeliebten Gabi.

Als hätte er mitgehört, dass gerade über ihn gesprochen wird, betritt der Pfarrer auch augenblicklich das Grundstück und steuert mit mächtigen Schritten auf die Terrasse zu. Wie für ihn fast immer üblich, hat er seinen Volkswagen ‚VW Golf' in der Garage neben dem Pfarrhaus stehengelassen, um als Abkürzung einen Wanderweg durch die Wiesen und Felder vorzuziehen. In einer Zeitspanne von nur rund fünfzehn Minuten hat er die Strecke bewältigt, die ihm nicht nur Freude bereitet, sondern auch zu einem gewissen körperlich sportlichen Ausgleich verhilft.

Mit einem freundlichen Lachen im Gesicht begrüßt er erst alle anderen Anwesenden, bevor er sich dem Geburtstagskind zuwendet:

„Fabian, ich wünsche dir nicht nur viel Glück, Gesundheit und Gottes Segen, sondern auch, dass deine und Christines Wünsche und Träume in Erfüllung gehen und zwar so, wie ihr es euch vorgestellt habt."

Auf einem silbernen Tablett balancierend, verteilt Max inzwischen die Champagnergläser. Als jeder dann sein Glas erhebt um mit dem Geburtstagskind anzustoßen, stellt Fabian als erster fest, dass sein Töchterlein fehlt, obwohl ihre ‚Oma Anni' extra ein Glas Orangensaft für sie bereitgestellt hat.

Gerade in dem Moment als Fabian Anni fragen möchte, wo wohl seine kleine Stefanie steckt, bemerkt er, dass Max fast unmerklich seinen Kopf schüttelt. Des Öfteren, gerade in den letzten Wochen, als Fabian und Christine den Gesprächsstoff bezüglich ihrer bevorstehenden Verlobung diskutierten und besprachen, hatte sein Töchterlein fast immer ihren Blick zu Boden gerichtet und sich aus der unmittelbaren Nähe der beiden entfernt. Ja selbst Fabian musste sich eingestehen, Christine und Gabi konnte man nicht miteinander vergleichen. Im krassen Gegensatz zu der immer freundlichen und aufgeschlossenen Gabi, konnte Christine gegebenenfalls hart und unnachgiebig sein. Oftmals ließ ihr Verhalten auch mehr als nur einen Hauch von Arroganz durchblicken. Dinge, die auch er nicht gerade schätzte und die Ablehnung seiner Tochter als auch Maxes und Annis Unverständnis hervorriefen.

Was Fabian aber unter keinen Umständen wahrhaben wollte, war schlicht und einfach die Tatsache, dass Christine wegen ihrer harschen Umgangsformen bei keinem der im Haus mit ihm zusammenlebenden Personen beliebt war. Stefanie hatte sogar ihrem Vater noch bevor die ersten Verlobungsgespräche begannen, streng vertraulich, wie sie ihm ausdrücklich in ihrem kindlichen Gemüte betonte, anvertraut, dass sie diese Frau nicht mochte. Niemals, ja nicht mal im Traum würde sie Tante Christine jemals mit ‚Mama‘ ansprechen. Dabei war es doch gerade er gewesen, der nach seinem Gefühlsausbruch vor einiger Zeit nicht nur für sich eine Lebensgefährtin sondern auch seiner Tochter Stefanies Herzenswunsch zu erfüllen versuchte, nämlich eine ‚Mama‘ für sie zu finden.

Kapitel 4: Christine Freifrau von Junkerndorf

Während Max und Anni sich aufrichtig und mit der ihnen gegebenen Fertigkeit bemühen, ein Buffet unter dem bereits an der linken Terrassenseite aufgebautem Zelt zusammenzustellen, haben sich Christine, Fabian und der Pfarrer in den weich gepolsterten Liegestühlen unter einem wuchtigen Sonnenschirm niedergelassen. Fabian erzählt gerade seinen beiden Zuhörern von seinen heutigen Verhandlungen, wie er für seine ‚Transatlantic Global Airlines' in Wien-Schwechat für eine Start- und Landeerlaubnis kämpfen musste. Sollte ihm das gelungen sein, das endgültige Ergebnis wird er erst in den nächsten Tagen erfahren, würde ‚Transatlantic Global' drei gute Standorte in Österreich vorweisen können, nämlich Salzburg, Graz und eben Schwechat.

Peter Weiler lauscht den Worten Fabians mit einer gewissen Spannung, die sich deutlich bemerkbar macht, als er ohne es selbst zu bemerken, nur auf der vorderen Kante seines Liegestuhles aufgeregt hin- und her rutscht. Er ist ein großer stattlicher Mann in den Mittfünfziger Jahren mit braungebrannten markanten Gesichtszügen. Da sein Haarschopf in den letzten Jahren nur aus einem schmächtigen Kranz um seinen Kopf bestand, trägt er nach seinen eigenen Worten, jetzt nur noch eine spiegelblanke Glatze, welche jedoch seinem äußeren Erscheinungsbild in keiner Weise schadet.

Christine lässt es sich sichtlich anmerken, wie froh sie

ist, als Fabian das für sie langweilige Thema endlich abschließt. Nun ist für sie schließlich die Zeit gekommen, den Herrn Pfarrer mit einigen Fragen zu attackieren, die sie schon seit längerer Zeit mit sich herumschleppt.

Gerade jetzt, wo Peter und Fabian beieinander stehen, Anni und Max mit anderen Aufgaben beschäftigt sind, bietet sich für sie die günstige Gelegenheit, etwas loszuwerden, was seit geraumer Zeit wie ein Trauma auf sie einwirkt. Sie hat nicht mal ihre erste Frage an den Pfarrer vollständig zu Ende gebracht, als Fabian sie ein wenig unwirsch unterbricht:

„Christine, wenn du mit dem Pfarrer über Stefanie sprechen möchtest, dann brauchst du mich nicht dazu. Ich würde nämlich gerne mal nachschauen, womit sie sich gerade beschäftigt und warum sie sich bei diesem herrlichen Sommerwetter im Hause aufhält. Christine und auch du, Peter, ich kann mir nämlich schon vorstellen, worum es ungefähr geht, bitte bedenkt bei eurem Gespräch, dass Stefanie noch ein achtjähriges Kind ist. Anni, Max und ich versuchen zwar das Kind mit einer gehörigen Portion Liebe aufzuziehen, doch die Mutter können wir ihr nun mal nicht ersetzen. Bitte vergesst das bei eurem Gespräch nicht. Ja Christine und die Streiche, die sie dir in der Vergangenheit gespielt hat, waren zwar manchmal mehr als außergewöhnlich, das muss auch ich eingestehen aber sie ist doch halt noch ein Kind. Außerdem habe ich ihr des Öfteren klarzumachen versucht, dass man so etwas nicht machen darf und sie auch dafür gehörig zurechtgewiesen."

„Ja, Fabian, ich verspreche dir, ich werde ihr in dem Gespräch mit dem Herrn Pfarrer kein Haar krümmen, möchte ihn auch mehr oder weniger nur um seinen Rat bitten. Ich hoffe, du nimmst mir das nicht übel."

Schnellen Schrittes begibt sich Fabian ins Haus, als wolle er ja nichts von dem nun folgenden Gespräch der Beiden mitbekommen und schließt die Terrassentüre hinter sich zu. Im Haus rennt er, immer zwei Treppenstufen auf einmal nehmend, ins erste Obergeschoss, klopft an Stefanies Zimmertüre, wobei er auch gleichzeitig ihren Namen ruft. Doch schon beim ersten Anklopfen öffnet das Kind die Türe. Ihr feingeformtes, ebenmäßiges Gesicht mit den von ihrer Mutter ererbten Grübchen in den Wangen, lässt einen unverkennbaren Ausdruck von Traurigkeit durchblicken. An den geröteten Augenlidern erkennt Fabian sofort, dass sie geweint hat. Bevor er ihr ein paar tröstende Worte zuflüstern kann, bittet sie ihn mit einer einladenden Handbewegung in ihr Zimmer:

„Papa, sei mir bitte nicht böse. Aber heute an deinem Geburtstag ist es mein größter Wunsch, dass Mama im Himmel an dich denkt. Du kannst mich jetzt schimpfen, soviel wie du willst, weil ich ‚Mama' sage, aber ich weiß, dass du sie auch nicht vergessen kannst und wenn du es noch so sehr willst. Ich, ich...."stotternd schaut sie zu ihrem Vater „muss dir jetzt was ganz Schlimmes gestehen. Aber ich tue es nur, wenn du mir nicht böse bist. Kannst du mir das versprechen?" Fabian ist in diesem Moment sprachlos. Er ist wirklich von ihrer Frage so überrascht, dass ihm eigentlich nur ein kurzes Kopfnicken als ‚Ja'-Antwort gelingt.

Stefanies große Kinderaugen haben sich mit Tränen gefüllt, die wie kleine Regenrinnen ihre Wangen hinunterlaufen:

„Papa, erinnerst du dich noch daran, als du mir an meinem letzten Geburtstag das Kalligrafie Set geschenkt hast? Dabei hast du ganz laut gelacht und gesagt, dass ich fast so gut wie Mama Schriften nachahmen kann. Als du neulich mal nicht zu Hause warst, bin ich in dein Büro geschlichen und habe ganz versteckt unter der Schreibtischunterlage ganz, ganz unten ein kleines Bild von meiner Mama und dir entdeckt. Auf die Rückseite hatte Mama nur geschrieben: ‚Das ist der Traummann meines Lebens, mein Fabian, den ich für immer und ewig lieben werde.' Papa, heute ist dein Geburtstag und alles was ich wollte, war nur, dass du heute mit meiner Mama zusammen bist. Ich weiß, es ist nur heute und auch nur auf dem Bild."

Danach greift sie unter ihr Kopfkissen und holt das Bild mit dem damals glücklichsten Ehepaar der Welt hervor. Mit schüchterner Hand möchte sie es ihrem Vater nun zurückgeben. Wie gerne hätte Fabian Bauer in diesem rührenden Moment ganze Tränenströme vergossen, doch weder eine Träne in seinen Augen noch ein einziges Wort kommt über seine Lippen. Endlich, Stefanie schaut ihn immer noch mit ihren großen blauen Augen an, stammelt er mehr als er spricht, eine

Antwort:

„Stefanie, vergesse alles andere, aber das Bild musst du mit der Hilfe deiner Mama gefunden haben. Es ist nun deines und verwahre es gut."

„Papa, du meinst ich kann es behalten und wieder jeden Abend neben mich auf mein Kopfkissen legen?"

„Das hoffe ich doch, mein Schatz!"

„Papa, du bist wirklich der ‚Größte' und auch ‚Omi Anni', weil sie das Bild an einem Morgen einige Tage zurück neben meinem Bett gefunden hat. Denke dir, sie hat mich nicht verraten, nicht mal an dich. Aber das bleibt unser Geheimnis, großes Ehrenwort!"

„Großes Ehrenwort und jetzt gehen wir zu den anderen, schließlich ist heute mein Geburtstag, vielen Dank für dieses wunderschöne Geschenk von dir, mein lieber Schatz."

Beide halten jetzt ihre Hände hoch, klatschen ihre Handflächen zusammen und besiegeln somit ein äußerst wichtiges und dramatisches Bündnis zwischen Vater und Tochter.

Kapitel 5: Kinderstreiche

Draußen auf der Terrasse sind Christine Freifrau von Junkerndorf und der Ebenthaler Pfarrer Peter Weiler immer noch in eine äußerst interessante Unterhaltung vertieft. Selbstverständlich dreht sich bei der blaublütigen Freifrau alles um ihr ‚Sorgenkind', welches Stefanie von allen Gesichtspunkten betrachtet, aber wirklich nicht ist. Stefanie ist überhaupt alles andere als ein Sorgenkind. Meistens ist sie in kindlich guter Laune, ist aufgeschlossen und folgt den Worten ihres Papas und besonders allem was ihr von ihrer ‚Oma Anni' und ihrem ‚Opa Max' anerzogen wurde.

Unglücklicherweise ist dies aber nicht die Version, die Christine gerade dem Herrn Pfarrer ihrerseits beizubringen versucht.

„Herr Pfarrer", bis zu einem mehr persönlichen ‚Du' hat sie es bisher mit ihm noch nicht geschafft, „ich weiß sehr wohl, wie Fabian sein Töchterlein liebt. Niemand versteht seine Trauer und seinen Schmerz der letzten Jahre besser als ich, bitte glauben sie mir das. Vielleicht bin ich auch nicht in der Lage, ihm das, was er an seiner Frau Gabi verloren hat, zu ersetzen. Aber ich bemühe mich doch, soweit es mir nur eben möglich ist, ihm meine Liebe und Herzenswärme zu vermitteln. Nun, in wenigen Monaten werden wir das erste Band unserer gemeinsamen Liebe knüpfen, nämlich unsere Verlobung feiern. Doch momentan weiß ich wirklich nicht, wie ich zu seinem Töchterlein Stefanie stehe und wie oder was ich tun soll, um das Band der Verständigung zwischen ihr und mir enger zu knüpfen. Wenn ich mit Fabian über sie rede, nenne ich sie immer noch ‚seine kleine Tochter', obwohl sie inzwischen bereits acht Jahre alt und den meisten Kindern ihres Alters weit voraus ist. Ihre Mutter kann ich ihr leider nicht ersetzen. Es ist auch nicht meine Aufgabe. Aber dennoch denke ich, dass ihrerseits ein wenig mehr Respekt mir gegenüber nicht schaden könnte.

Manchmal werde ich sogar das Gefühl nicht los, dass Fabian diese Angelegenheit auf die leichte Schulter nimmt. Dabei sind die von ihr gespielten Streiche an mir nicht mal mehr als kindlich abzuweisen. Meiner persönlichen Ansicht grenzen sie schon mehr und mehr an einen Versuch, eine Spaltung zwischen mir und ihrem Vater herbeizuführen.

Schließlich war es für mich nicht gerade angenehm als ich vor rund zwei Wochen mit meinen Freundinnen, übrigens alle gehobener Klasse, im Café Weitgasser in Klagenfurt zusammensaß und es plötzlich so unangenehm roch, dass alle Freundinnen ihre Nasen rümpften. Dabei war es doch nur ich, die ihre Handtasche geöffnet hatte. Sie können es sich gar nicht vorstellen und bis heute weiß auch ich nicht, was den üblen Geruch aus der Tasche verursacht hat. Denn trotz intensiver Durchsuchung der Handtasche habe ich nicht den geringsten Beweis gefunden.

Oder ein anders Mal als ich mit Fabian im Esszimmer saß, Anni hatte bereits mit dem Auftragen der Speisen begonnen, als ich plötzlich einen höllischen Schmerz in meinem linken Oberschenkel verspürte. Der Ursache auf den Grund gehend, fand ich in meinem Stuhlkissen einen langen, scharfen Reisnagel mit der Spitze nach oben, der sich durch meinen Rock in meinen Oberschenkel gebohrt hatte."

Dabei schaute sie Pfarrer Peter Weiler mit gekünstelt schmerzvollem Gesicht so an, dass dieser nur mit Mühe und Not seine Fassung bewahren kann, um nicht lauthals loszulachen.

„Doch Herr Pfarrer, das sind nur einige Dinge aus dem schier bar unendlichen Repertoire der kleinen, angeblich so unschuldigen Tochter Fabians. Zum Schluss noch eine kleine Geschichte, damit sie ihr Bild vervollständigen können. Letzte Woche waren Fabian und ich in Wien um uns im ‚Theater an der Wien' eine Aufführung der Operette ‚Die Fledermaus' anzuschauen. Wie sie ja wissen, bin ich gerade erst Vierzig geworden, aber um die Handlung besser verfolgen zu können, hatte Fabian sein Opernglas mitgenommen, welches ich auch gerne benutzte. Sicher hat Fabian oder wer auch immer das Glas benutzt hat, eine vollkommen andere Dioptrien Zahl als ich. Schließlich musste ich daher beide Augenmuscheln für meine Augen übereinstimmend, nachstellen. Gewundert habe ich mich schon, als ich in der Pause auf dem Weg zur Toilette von einigen, besonders weiblichen Personen, interessiert angeschaut wurde und sich die Damen hinter vorgehaltenen Händen etwas zuflüsterten. Die Bescherung entdeckte ich aber erst in der Toilette als ich mich etwas auffrischen wollte und dabei einen Blick in den Wandspiegel warf. Ich schwöre ihnen, Herr Pfarrer, ich sah aus wie ein gerade aus einem Käfig entwichener Waschbär. Rund um meine Augen waren schwarze kreisrunde Ringe gezogen, die mich nicht nur zum Gespött der anderen Leute machten, sondern auch nur schwerlich wieder zu entfernen waren. Als ich, den Tränen nahe, schließlich zu Fabian in unsere Loge zurückkam, wurde es von ihm mehr oder weniger als ein Kinderstreich abgetan."

Doch jetzt ist es auch um die Fassung des Pfarrers total geschehen. Ein riesengroßes Taschentuch aus seiner Hosentasche ziehend, täuscht er mehr krampfhaft als natürlich, einen Hustenanfall vor, um den ihn erfassenden Lachanfall Christine nicht anmerken zu lassen.

In Stefanies Schulklasse in der Grundschule in Ebenthal ist einer ihrer Mitschüler, der ebenfalls achtjährige Tobias, Sohn des Pichler-Bauern aus der nahen Umgebung. Tobias, rothaarig und fast schon wie ein Markenzeichen, immer mit ungekämmten Haaren, ist der Jüngste in der Pichler Familie mit sechs Kindern, nämlich einem Mädchen und fünf Buben. Natürlich erlernt er die meisten seiner Dummheiten und Streiche von seinen älteren Brüdern, doch seine Schwester Margarete ist auch nicht gerade ein Unschuldslamm, wenn es sich um das Ausdenken von Streichen handelt.

So ist man sich auf dem Pichler Hof ohne großes Nachdenken darüber einig, dass man der kleinen

Stefanie aushelfen muss und dass obwohl in Ebenthal das Gerücht herumgeht, dass ihr Vater stinkreich sei. Doch Genaues hierüber weiß eigentlich nur der Pfarrer Peter Weiler und der schweigt. Wie es auch immer ist, sei dahingestellt. Das momentan einzig Wichtige ist die Tatsache, dass von Tobias und seiner Geschwister Seite betrachtet, Stefanie geholfen werden muss. Schließlich kommt der Fakt hinzu, dass sich der achtjährige Bub total in sie verliebt hat. Also hat er nach Rückversicherung mit seiner älteren Schwester Margarete die Konsequenzen gezogen, Stinkbomben und Reisnägel besorgt und dann Stefanie auch ohne weitere Bedenken erklärt, wie man die Augenmuscheln an dem Opernglas mit Vaseline und schwarzer Schuhcreme präparieren musste.

Kapitel 6: Das Gespräch mit dem Pfarrer

Pfarrer Peter Weilers Gesichtszüge verändern sich schlagartig, als Christine Freifrau von Junkerndorf mit einem Anliegen an ihn herantritt. Was sie ihm, dem immer offenen und gradlinigen Menschen, vorträgt, treibt ihm die Fassungslosigkeit in Form eines knallroten Hauttones ins Gesicht.

Christine schlägt ihm nämlich vor, ja bittet ihn sogar um seine Hilfe, mit Fabian zu sprechen und ihm ihr Unterfangen nahezubringen, Stefanie in einem Internat aufziehen zu lassen. Dort würde man ihr doch eine sehr ordentliche Erziehung beibringen, sie würde mit gleichaltrigen Kindern zusammen sein, sind nur einige der Dinge, die ihr zum Vorteil und keinesfalls zum Nachteil gereichen würden.

Das Kind wird hier in der ‚Bauer Residenz' doch mehr oder weniger nur von den beiden inzwischen fast siebzigjährigen Hausangestellten, nämlich Max und Anni Hofstetter nach Christines Ansicht total einseitig und vor allen Dingen total unterprivilegiert erzogen. Zu viele Dinge, die ihrer Erziehung nicht dienlich sind, werden von den älteren Leutchen, ja aber auch von Fabian selber, einfach ignoriert. Dadurch wird der kleinen Stefanie so viel Freiheit gewährt, wie sie sich in ihrem Alter und auch kindlichem Gemüt absolut nur schädlich auswirken kann.

Peter Weiler ist über alles, was er bis jetzt hier gehört hat, geschockt. Obwohl sein Freund Fabian der kleinen

Stefanie absolut untersagt hatte, nicht mal das Wort' Mama' in den Mund zu nehmen, geschweige denn auszusprechen, versteht keiner so wie er die wahren Gründe dafür.

Fabian liebte seine Gabi über alles. Ihr plötzlicher Tod riss eine so große Lücke in sein bisheriges Leben, dass die Folgen ihn in eine tiefe Depression stürzten.

Die Tatsache, dass er seine Sangesstimme verloren hatte, kam ihm in seinem Schmerz nicht Mal als so lebenswichtig zum Bewusstsein. Auch Geldsorgen waren für den Rest seines Lebens nicht zu erwarten. Doch da war der kleine Erdenbürger Stefanie, die mit jedem vorübergehenden Tag ihrer Mutter immer ähnlicher wurde.

Obwohl er versuchte, das Kind mit einer, wie Max und Anni sich des Öfteren ausdrückten, unerbittlichen Strenge zu erziehen, gab er doch immer wieder klein bei, wenn sie mit zunehmendem Alter immer wieder über ihre erzieherischen Stränge schlug. Selbst ihre Schullehrer kreuzten einige Male in der ‚Bauer Residenz' auf um mit Fabian zu reden, hatte sie doch mal wieder irgendeinen Schabernack versucht oder war zumindest daran beteiligt. Dennoch schaute Fabian mit einer ungewöhnlichen Großzügigkeit darüber hinweg.

Schließlich erinnerten sie ihn doch auch an eine von Gabis ‚Untugenden', falls sich die Gelegenheit ergab, irgendwelche harmlose Streiche zu spielen, die ihre Mitmenschen erheiterten und zum Lachen brachten.

Alle diese Dinge waren natürlich auch Pfarrer Peter Weiler nicht unbekannt. Er weiß nicht, wie oft es ihm in der Vergangenheit gelungen ist, in die Seele seines Freundes zu schauen. Als Priester und Missionar hatte er einige Jahre in den ärmsten Gegenden in Zentralafrika verbracht. Verschiedentlich hatte er das Leid vieler dort hungernden Menschen sogar an sich selbst zu spüren bekommen. Dennoch und gerade deshalb war auch das Schicksal von Fabian Bauers für ihn etwas Besonderes.

In all den Jahren in denen sich die beiden kannten, in dem Zeitraum, indem sich Fabian in seiner seelischen Not ihm total anvertraut hatte, erschien er ihm in seiner Gradlinigkeit fast wie ein ‚Fabelwesen aus einer anderen Welt´.

Was immer Gutes Fabian in seinen glücklichen Lebensjahren vielen anderen, nicht so wie er vom Schicksal begünstigten Menschen getan hatte, ist bis heute sein Geheimnis und vielleicht ist es auch gut so.

Peter Weiler erinnerte sich an Fabians Worte kurz nach ihrer Bekanntschaft, als er ihm mit wenigen Sätzen klarzumachen versuchte, warum und wieso er so war. Damals waren sie per ‚Sie' und Fabian und Gabi lebten noch nicht in Ebenthal, doch ihr Traumhausbau war bereits in vollen Gang.

In fast schüchterner Weise und mit einfachen Worten, versuchte Fabian dem Pfarrer klarzumachen, wie dankbar er dem lieben Gott sei, dass er ihn so erschaffen habe wie er sei, dass er ihm eine wunderschöne Stimme geschenkt und ihm zusätzlich Gabi als ein Geschenk des Himmels beschert habe..

Oftmals fühle er sich deshalb auch mitverantwortlich für die Menschen, die sich in ihrer Not und Armut von Gott verlassen und vergessen fühlten. Als kleines Beispiel erklärte er dem Priester, warum zu Weihnachten in seinem Hause nichts anderes als an anderen Tagen serviert wurde. Ihm würde einfach nur bei dem Gedanken der Bissen im Hals stecken bleiben, dass da draußen Menschen wären, die nicht mal eine Scheibe trockenes Brot zu essen hätten.

Leere Worte waren das sicherlich nicht, denn wundersamer Weise gingen in der Pfarrei oft größere Geldsummen ein, über deren Herkunft bis heute kein Mensch, auch nicht mal der Pfarrer genaue Auskunft geben kann. Und von Fabian bekommen alle Frager einfach keine oder nur sehr vage Antworten.

In seiner momentanen Sprachlosigkeit schaut Peter Weiler nur starr geradeaus. Als er endlich seinen Kopf in Christines Richtung dreht und ihr mit einem funkensprühenden Blick kerzengerade in die Augen schaut, erkennt sie blitzartig, welchen großen Fehler sie gerade begangen hat.

„Herr Pfarrer, ich habe ja auch nicht gemeint, man soll Stefanie für immer ihrem Vater wegnehmen, doch ein Internat, vielleicht sogar hier in Klagenfurt, würde für alle Beteiligten ein großer Vorteil sein. Zumindest so lange bis Fabian und ich uns in unserer neuen Verbindung eingelebt haben. Würden sie mir also zur Seite stehen, wenn ich mit Fabian darüber reden möchte?“

„Christine“, er redet sie jetzt mit ihrem Vornamen an, „nicht mal darüber brauchen wir ein weiteres Wort zu verlieren. Ich weiß, wie sehr Fabian seine Tochter liebt und sind sie mir bitte nicht böse wenn ich ihnen das so sage. Nicht sie oder irgendein anderer Mensch, sondern Stefanie ist seine Lebensaufgabe und er wird auf keinen Fall bereit sein, mit ihnen oder irgendjemanden darüber zu diskutieren.“

„Dann werde ich es ihm eben allein vorschlagen, denn ich möchte schließlich auch nicht mehr und auch nicht weniger, als unsere zukünftige Ehe ein Erfolgserlebnis werden zu lassen.“

Nach diesen Worten erhebt sie sich und lässt den Pfarrer allein am Tisch sitzen. Glücklicherweise, nur wenige Augenblicke später erscheint Fabian in der Terrassentür. Instinktiv überkommt ihn das Gefühl, dass hier draußen etwas im Argen liegt. Sein Freund Peter schaut ihn nicht einmal an. Sein Blick ist starr auf den Holzboden der Terrasse gerichtet und sein Kopfschütteln bedeutet wahrlich nicht ein Zeichen von Freude.

Als Fabian dann vor ihm steht, ja er hat sich mehr vor ihm postiert, hebt er seinen Kopf. Es sieht fast so aus, als ob er unendlich müde wäre. Seine auf seinen Freund gerichteten Augen widerspiegeln ganze Bände von Niedergeschlagenheit. Fabian hat ihn noch nie so ernst gesehen.

„Fabian, bitte setz dich, ich möchte mir dir reden!“

„Ja, aber was ist passiert? Wo ist Christine? Ich kann mir zwar vieles vorstellen, aber nicht, dass du dich mit jemand gestritten hast und ganz bestimmt nicht mit Christine. Also schieß los! Als ich euch vorhin verließ, hatte ich zwar eine Vorahnung, dass Christine dich mit Fragen und auch ihren Ansichten bezüglich Stefanie überschütten würde. Aber ich denke, so schlimm kann es doch eigentlich nicht sein oder ist da was, was ich nicht weiß?“

„Fabian, die Worte, die ich dir jetzt sage, kommen sehr schweren Herzens von deinem Freund. Vergiss für einen Moment, dass ich ein Priester bin. Christine hat mich gebeten mit dir zu sprechen und zwar noch heute. Sie möchte, dass ich ihr helfe, dich zu überreden, Stefanie in ein Internat zu entsenden. Ich weiß, du hast alles, was sich ein Mensch erträumt. Viele Menschen in der Umgebung hier glauben, dass du nicht nur reich sondern auch glücklich bist. Doch ich kenne dich besser. Ich weiß wie oft dein Glück in der Vergangenheit nur an einem dünnen Faden hing. Und ich weiß auch, wie sehr du Stefanie, das Ebenbild deiner Frau, liebst.

Selbst wenn du Christine aufrichtig liebst, hier steht nun alles auf dem Spiel. Nicht nur das Kinderglück Stefanies, das ihrer ‚Oma‘ und ihres ‚Opas‘, sondern auch dein

Lebensglück ist an einem Scheidepunkt angelangt.

Ich sollte als dein Pfarrer zu dir sprechen, aber ich kann und will es nicht. Du bist mir als Freund und Mensch viel zu wertvoll als dir zu raten, auch nur einen Jota deines oder deines Kindes Glück aufs Spiel zu setzen. Sag ‚Nein' und nochmals ‚Nein' und bleibe dabei. Wenn Christine nicht mitzieht, dann hat es eben nicht sein sollen.

So, nun werde ich gehen, ich bin zu erregt um hier zu sitzen und mir das nochmals anzuhören! Solltest du meine Hilfe brauchen, rufe mich an, egal, auch wenn es mitten in der Nacht ist. Falls du morgen Nachmittag eine Stunde Zeit für mich freimachen kannst, möchte ich dich zu mir ins Pfarrhaus bitten. Bis dahin ist mir bestimmt eine ordentliche Lösung eingefallen. Und dass mir der liebe Gott dabei helfen wird, davon bin ich felsenfest überzeugt. Er und auch die Muttergottes haben mich in meinem bisherigen Leben eigentlich noch nie im Stich gelassen.

Es tut mir leid, dich jetzt allein lassen zu müssen, aber wenn ich jetzt noch einen Bissen essen müsste, würde er mir bestimmt im Hals stecken bleiben. Bleib stark, lass dir genügend Zeit zum Überlegen, aber vergiss nicht, dass es letzten Endes deine Gefühle sind, die die richtige Entscheidung herbeiführen werden."

Nach beiden Händen Fabians greifend, dabei geradewegs in die stahlblauen Augen seines Freundes schauend und Fabian nochmals ‚viel Glück' für die Aussprache mit Christine wünschend, dreht er sich abrupt um. Schnellen Schrittes verlässt er das ‚Bauer-Anwesen'.

Fabian schaut ihm solange nach, bis er endlich aus dessen Blickfeld verschwunden ist. Als er sich umdreht und sich dem Haus zuwendet, schreitet Christine, zwei Gläser und eine Champagnerflasche in ihren Händen, auf ihn zu.

Das zu erwartende Drama vorausschauend, sie konnten das teilweise Mithören der Unterhaltung zwischen Fabian und dem Pfarrer nicht vermeiden, ziehen Max und Anni sich ins Haus zurück.

Während Christine die Champagnerflasche auf dem Tisch abstellt und Fabian ein leeres Glas in die Hand drückt, startet sie ohne Vorwarnung mit ihrer sicherlich wohldurchdachten Rede:

„Fabian, obwohl heute dein Geburtstag ist und ich habe ihn beileibe nicht vergessen, möchte ich unbedingt jetzt mit dir sprechen. Ich denke, dass es an der Zeit ist, Klarheiten zu schaffen und nicht anstehende Probleme weiter vor uns herzuschieben."

Fabians Gesichtszüge spiegeln einen Ausdruck von Überraschung aber noch mehr von unbeschreiblicher Traurigkeit wider. Sich auf einen der Stühle unter dem schattenspendenden Sonnenschirm setzend, bietet er Christine den Stuhl ihm geradewegs gegenüber an. Mehr oder weniger ist ihm damit der direkte Blick in ihre rehbraunen, doch zurzeit fast funkensprühenden Augen gewährt.

Ihre frappierende Offenheit gegenüber seinem Freund Peter Weiler und das ihm vorgetragene Ansinnen sprechen auch jetzt noch Bände in ihren Gesichtszügen. Ob sie Trotz oder Gleichgültigkeit damit zum Ausdruck bringen will, ist für Fabian momentan bedeutungslos. Für ihn geht es hier jetzt um das Schicksal eines kleinen Mädchens, um seine Tochter Stefanie.

Nur einen kurzen Moment schaut er nach unten, als ob er auf dem Terrassenboden einen Ausweg aus einer unwegsamen Situation finden könnte. Plötzlich, ja fast blitzartig, hebt er seinen Kopf, seiner Partnerin geradewegs in die Augen schauend:

„Christine, denke ja nicht, dass ich nicht schon einige Zeit an einer tragbaren Lösung gesucht hätte und nun habe ich sie endlich auch gefunden. Stefanie ist mein Ein und Alles und für nichts in der Welt würde ich sie hergeben. Du weißt aber auch genau, wie viel du mir bedeutest. Ich finde es daher nicht mehr als fair, wenn wir es bis zu unserer Eheschließung alle drei gemeinsam und miteinander versuchen. Sollte es dann, wenn auch nach einigen anfänglichen Schwierigkeiten klappen, ist doch alles in Ordnung. Oder sehe ich darin irgendetwas Falsches."

Christine schaut ihn mit gerötetem Gesicht an: „Fabian, wir haben dieses leidige Thema schon allzu oft diskutiert und ich bin dieses Mal nicht gewillt es fortzusetzen und wieder deinen Entschluss bis in die Endlosigkeit hinauszuziehen. Ich bin eine erwachsene Frau mit allem was dazugehört. Du lässt mir also keine andere Wahl, deshalb treffe deine Entscheidung jetzt und sehr wohl; entweder mich oder dein Kind! Du wirst es doch nicht verlieren, nur weil du es für ein paar Jahre zum Erwachsenwerden in einem Internat unterbringst."

Irgendwie müde wirkend hebt Fabian seinen Kopf, ihn leicht hin- und her schüttelnd:

„Christine, deine Entscheidung ist nicht fair, weder dir selber, noch mir und erst recht nicht einem unschuldigen Kind gegenüber. Doch wenn du dabei bleibst, tut es mir zwar leid, aber ich brauche keine Entscheidung mehr zu treffen. Solange mein Kind noch ein Kind ist, werde ich für es da sein und werde meine kleine Stefanie niemals, nicht einmal für alles in der Welt hergeben. So, das ist meine unwiderrufliche Antwort!"

Christines Gesichtsfarbe ist nach den letzten Worten Fabians einer farblosen Blässe gewichen. Auf ihrer Stirne haben sich Schweißtropfen gebildet, die sie mit einer Tischserviette wegzuwischen versucht. Dabei kann sie das Zittern ihrer Hände jedoch nicht verbergen.

„Fabian, bevor wir uns über oder wegen unseres zukünftigen Glückes zerstreiten, lass uns bitte wenigstens nochmal einige Tage darüber nachdenken oder ist das zu viel verlangt?"

„Christine, du warst diejenige, die das Thema vorgebracht hat und du hast auf eine heutige Entscheidung bestanden. Meine Antwort hast du erhalten und ich bin nicht bereit von meinem

Standpunkt auch nur einen Jota abzuweichen."

Als wenn jemand ihr Gesicht in aller Eile mit Farbe bemalt hätte, so plötzlich wechselt nun ihre Blässe in eine krebsrote Hauttönung. Außer sich vor Wut und mit kreischender Stimme, entweichen die Sätze ihrem Munde:

„Wenn das dein letztes Wort ist, wünsche ich dir viel Glück aber meine, ja nicht nur meine, sondern unsere gemeinsame Zukunft betrachte ich damit als beendet."

Ohne weitere Worte erhebt sie sich, dreht ihm den Rücken zu und ohne jegliches ‚Auf Wiedersehen' eilt sie die Terrassenstufen hinunter, startet ihren Sportwagen und verlässt das ‚Bauer Estate', einen wie versteinert dasitzenden Fabian Bauer zurücklassend.

Kapitel 7: Nach der Entscheidung

Erst als nach einiger Zeit Max und Anni auf der Terrasse auftauchen, scheint auch wieder Leben in Fabian zu kommen. Beide stehen vor dem mit so viel Liebe aufgebauten Buffet und werfen ihrem Hausherrn fast ungläubige Blicke zu. Fabian hat sich aus seinem Sessel erhoben, schreitet mit wenigen Schritten auf das nur einige Meter von ihm entfernt stehende Paar zu. Fast behutsam legt er seine Arme um die Schultern der Beiden.

Mit einer sich befreiend anhörenden Stimme, doch mit ernster Miene in seinem Gesichtsausdruck, erklärt er Max und Anni mit knappen Worten:

„So, ihr Beiden, ein anderes Kapitel in meinem Leben ist gerade zu Ende gegangen. Glücklicherweise früh genug, um nicht größeren Schaden anzurichten. Wo ist Stefanie? Anni bitte sei so gut und schau mal, ob sie in ihrem Zimmer ist und bringe sie bitte zu mir."

Es dauert nur wenige Minuten bis ihre ‚Oma Anni' mit Stefanie an der Hand vor Fabian steht. Die Kleine schaut ihren Vater mit großen Augen an, obwohl sie nicht die geringste Ahnung hat, warum und weshalb er sie sehen möchte.

Dennoch, bevor Fabian auch nur ein Wort sagen kann, versucht sie mit schüchterner Stimme ihrem Vater zu erklären, dass, was immer es sein möge, sie sich absolut keiner Schuld bewusst ist.

„Papa, ich habe Tante Christine aber wirklich diesmal keinen Streich gespielt. Schließlich hatte ich es dir ja mit meinem großen Ehrenwort versprochen. Sogar Tobias hat mir erst gestern gesagt, egal was immer man angestellt hat, sein großes Ehrenwort darf man niemals brechen. Denkst du nicht auch, dass Tobias so etwas unbedingt weiß?“

Wie ein plötzlich aufgehender Sonnenstrahl erscheint in Fabians Gesicht ein aufheiterndes Lächeln:

„Ja, Stefanie, wenn der Tobias es dir so erklärt hat, wird es wohl stimmen. Er muss sich schließlich allemal gegen seine fünf Geschwister verteidigen. Doch ich möchte mit dir über was ganz Wichtiges reden. Du bist ja nun schon acht Jahre alt und was ich dir nun mitteilen möchte, ist ein ‚Vater und Tochter Gespräch‘. Weißt du, eigentlich so ein Gespräch wie zwischen Mama und Papa, jedoch diesmal nur zwischen dir und mir. So, jetzt rutsche deinen Stuhl ganz nahe an meinen und reiche mir bitte beide Hände. Ja genauso; was ich dir nämlich jetzt beizubringen versuche, ist ganz wichtig für die Zukunft von uns beiden. So, nun habe ich viel zu lange um den heißen Brei herumgeredet. Tatsache ist aber, dass Tante Christine und ich uns heute für immer getrennt haben. Sie wird also weder deine Tante bleiben und auch nicht deine Mama werden. Warum schaust du mich so erschrocken an? Du brauchst dir keine Vorwürfe zu machen, denn sogar alle deine praktischen Streiche an ihr haben absolut nichts damit zu tun.

Ja, Stefanie, damit du es leichter verstehst, viele Leute müssen erst in der Zeit ihres Zusammenseins herausfinden, ob sie für den Rest ihres Lebens auch zusammenpassen. Manchmal tut das Auseinandergehen sehr weh, aber glaube mir, es ist dann am Ende doch die beste Lösung. Vielleicht verstehst nun in deinen Kinderjahren schon, warum ich niemals möchte, dass du jemals eine andere Person deine Mama nennen darfst oder sollst, bevor du und ich uns nicht ganz, ganz sicher sind, die richtige Mama für dich gefunden zu haben. Und außerdem kannst du mir glauben und vertrauen, wir beide werden sie instinktiv gleichzeitig erkennen.

So, das war's was ich dir sagen wollte. Nun darfst du hier mit ‚Opa Max', ‚Oma Anni' und mir hier zusammensitzen. Aber du kannst auch ruhig wieder in deinem Zimmer mit deinem Kalligrafie Set herumspielen. Ich bin mir fast sicher, dass du bestimmt schon wieder an irgendeinem Streich herumbastelst, habe ich recht?"

Stefanie lacht laut auf, dabei eine Reihe blütenweißer Zähne vorzeigend:

„Papa, das darf ich dir leider noch nicht verraten. Aber nur damit du es weißt, gebe ich dir einen Tipp; es wird etwas sein, was allen anderen Freude bereiten wird."

So schnell sie ihre kleinen Füße tragen können, läuft sie zurück ins Haus und verschließt sorgfältig sie ihre Zimmertüre.

Während Max und Anni in den kommenden Stunden all das mit viel Liebe und Mühe aufgebaute Zeltdach abbauen, sitzt Fabian in der äußersten Terrassenecke und hängt seinen Gedanken nach. Dabei lässt er die letzten Stunden in seinem Kopf noch einmal Revue passieren. Er ist sich im Klaren darüber, dass es einige Zeit in Anspruch nehmen wird, das heute Erlebte zu verdauen. Ja, dessen ist er sich sicher. Jetzt, nachdem alles vorbei ist, muss er sich eingestehen, dass er Christines Charme voll erlegen war. Und er glaubte selber fest daran, dass sich beide liebten und diese Liebe mit der Zeit weiterwachsen würde. Doch ihre heutige Einstellung hatte wirklich alles schlagartig zunichte gemacht.

Obgleich Anni als auch Max etliche Male versuchen, ihn dazu zu bewegen, doch wenigstens einige kleine Häppchen zu sich zu nehmen, lehnt er immer wieder dankend ab. Erst als sich die untergehende Sonne anschickt, ihren Tageslauf zu beenden, erhebt auch er sich bedächtig aber mit dennoch anmutigen Bewegungen aus seinem Sessel und begibt sich in sein Arbeitszimmer.

Aus einer verschlossenen Schublade in seinem antiken Schreibtisch, entnimmt er einen Packen Briefe und einige kleine Fotoalben. Während er die Adressen auf allen Briefbögen sorgfältig überprüft, wirft er die beiden Alben achtlos in den wuchtigen Kachelofen hinter ihm. Nur wenige Minuten später folgt auch die restliche Post, bevor er den Ofen zum Verbrennen eines Teiles seiner Vergangenheit, anzündet.

Es ist bereits kurz vor neun Uhr als Fabian am nächsten Morgen seinen Freund Peter Weiler anruft. Beide vereinbaren, wie vom Pfarrer am Vortag vorgeschlagen, sich um vierzehn Uhr am gleichen Tag im Büro des Pfarrhauses zu treffen. Pünktlich auf die Minute sitzt Fabian seinem treuen und zuverlässigen Freund gegenüber.

Pfarrer Peter Weiler schaut Fabian lange in die Augen, bevor er sich entschließt mit der Unterhaltung zu beginnen. Eine Unterhaltung, die mehr als nur den Beginn eines ganz neuen Lebensabschnittes für Fabian Bauer einleiten wird. Auch sein zukünftiges Leben, einschließlich das seiner geliebten Tochter Stefanie wird durch dieses Treffen in total neue und andere Bahnen gelenkt.

„Fabian, nach dem gestrigen Fiasko, hat heute ein neuer Tag für uns alle begonnen. Du hast deine Entscheidung getroffen und egal wie sie auch immer ausgefallen ist, werde ich sie respektieren. Wir alle haben unsere Fehler begangen und werden auch in Zukunft nicht fehlerfrei sein, doch jetzt ist die Zeit für einen totalen Neuanfang auch von deiner Seite erforderlich.

In der vergangenen Nacht hatte ich genügend Zeit und Gelegenheit, viele Dinge, die besonders deine kleine Tochter Stefanie betreffen, zu überdenken und die von deiner Seite unbedingt um- beziehungsweise neu organisiert werden sollten. Dabei sind mir auch einigen Sachen in den Sinn gekommen, bei deren Neuanfang ich dir gerne zur Seite stehen möchte.

Mein lieber Fabian, Stefanie ist ein Kind wie jedes andere in ihrem Alter, auch wenn sie vielen ihrer Altersgenossen geistig überlegen zu sein scheint. Dennoch ist und bleibt sie noch ein Kind, das ein Recht auf Vater und Mutter hat. Es ist mir vollkommen klar und ich weiß aus meiner Erfahrung wie du jetzt darauf reagieren wirst. Auch ist es mir nicht entgangen, dass du dem Kind das Recht verweigerst, nur den Namen ‚Mama' in den Mund zu nehmen. Glaube mir, ich kann mir sehr gut den Schmerz vorstellen, den es in deinem Herzen entfacht. Deshalb möchte ich dich nun bitten, mir ruhig und besonnen zuzuhören. Es sollte auch dir klar sein, dass es dir nicht gelingen kann oder wird, die kleine Stefanie in einem goldenen Käfig zu erziehen."

Fabian hat bisher nicht ein einziges Wort gesprochen, doch augenblicklich verfärbt sich seine Gesichtsfarbe. Zusehends wird er kreidebleich und wie es scheint, versucht er nun seine Gegenargumente vorzubringen. Doch die passenden Worte fehlen ihm einfach oder scheinen nicht seinem Mund entweichen zu wollen. Außerdem, wie es scheint, hat Pfarrer Peter Weiler sein Gespräch noch nicht abgeschlossen. Total erregt, wühlt er in einem bunten Prospektstapel auf seinem Schreibtisch herum, bis er endlich das Gesuchte gefunden hat.

Mit einem gewissen Stolz hält er eine farbige Broschüre, die Titelseite Fabian zugekehrt, vor sich. Mit übergroßen Buchstaben bedecken nur einige Worte mehr oder weniger die gesamte Vorderseite:

„Unser diesjähriges ‚Gottscheer-Treffen' im Dezember in Kitchener/ Kanada."

Peter Weiler, die Broschüre immer noch in beiden Händen haltend, schaut sein Gegenüber vielsagend an:

„Fabian, deine Gabi war, wie so manche hier in Ebenthal, Klagenfurt und rund um den Wörthersee eine Gottscheerin. Dir ist genau so bekannt wie mir, dass diese ehrbaren und tüchtigen Menschen während oder besser ausgedrückt, bei Beginn des unseligen ‚Zweiten Weltkrieges' aus ihrer angestammten Heimat ‚Gottschee' in Slowenien ausgesiedelt wurden. Viele von ihnen sind über Österreich als auch Deutschland nach Kriegsende nach Kanada und den Vereinigten Staaten von Amerika weitergezogen und haben dort eine neue Heimat gefunden. Sicherlich hast du schon davon gehört, dass unsere ‚Gottscheer Leute' hier aus der Wörthersee Gegend dieses Jahr planen, ihre Angehörigen und Verwandten über die Weihnachtsfesttage in Kitchener, einer mittelgroßen Stadt in Ontario in Kanada zu besuchen. Dort möchten sie dann mit ihren lieben Verwandten, Freunden oder auch nur Bekannten die diesjährigen Festtage verbringen."

Fabian hat seinem alten Freund andächtig zugehört, bevor er ihm die Frage stellt:

„Peter, das ist bestimmt nicht der Grund, was du mir sagen wolltest und warum du mich zu dir hierher gebeten hast! Also raus mit der Sprache; wo drückt dich der Schuh?“

Nur kurz nachdem der Pfarrer die Broschüre zur Seite gelegt hat, schaut er irgendwie erleichtert seinen Freund an, ja seinem Gesicht entschlüpft sogar ein breites Grinsen. Warum gerade dieses Lachen auch Fabian ansteckt, darüber ist er sich selbst nicht im Klaren aber innerhalb der nächsten Minute brechen beide Männer in ein herzhaftes und befreiendes Lachen aus. Jedenfalls sieht es fast so aus als hätten sie was Lustiges erlebt oder jemand hätte ihnen einen guten Scherz erzählt.

Erst nachdem die Sekretärin des Pfarrers aufgeschreckt von dem lauten und ansteckenden Lachen der beiden, zaghaft an die schon halboffene Tür klopft, bemüht sich der Pfarrer seinem Gesicht einen ernsteren Ausdruck zu verleihen.

„Fabian, ich weiß, es ist zwecklos dir etwas vorzugaukeln. Deshalblasse ich Dich auch nicht länger im Dunkeln tappen. Ja, mich drückt nicht nur ein Schuh, ehrlich gesagt, beide. Zu was ich dich nun überreden möchte, ist eine Lösung und zwar nicht nur für Stefanie, sondern mehr ein Vorschlag den auch du nicht von der Hand weisen kannst. Wie ich dir schon zu Beginn unseres Gespräches andeutete, kannst und sicherlich willst du auch nicht Stefanie in einem ‚goldenen Käfig‘ aufwachsen lassen.

Kurzerhand, ich möchte dich und dein Töchterlein dazu bewegen und einladen mit unserer ‚Gottscheer‘ Gruppe über die Weihnachtsfeiertage nach Kanada zu kommen, damit auch Stefanie mit den Leuten zusammengebracht wird, die nicht nur mir sondern auch deiner Gabi so viel bedeuteten."

Sichtlich erschreckt von der Idee seines Freundes, blickt Fabian ihm fast ungläubig in die Augen:

„Peter, nun sag mir mal um Himmels willen, was dich auf diese Idee gebracht hat. Aber erzähle mit bitte nicht, dass es eine Eingebung deines ‚Bosses' von oben war."

Des Pfarrers Gesicht strahlt erneut ein breites Grinsen aus:

„Oh nein, ich weiß worauf du anspielst aber glaube es mir, es bedurfte wirklich keiner ‚Göttlichen Eingebung' sondern nur eine Reaktion meines eigentlich recht gesunden Menschenverstandes. Und nun versuche mir ja nicht weiszumachen, dass es dir aus geschäftlichen Gründen einfach nicht möglich ist. Deine Flugzeuge fliegen auch ohne dich in aller Welt herum und eine Woche oder so ohne dein Zutun wird bestimmt nirgendwo einen Schaden verursachen oder anrichten."

Mit einem unverfänglichen Lachen im Gesicht, beantwortet Fabian den Vorschlag seines Freundes:

„Peter, deine Einladung ehrt mich ungemein und da ich weiß, dass du als Mönch aus dem Jesuitenorden kommst, werde ich wohl bei deinen nächsten Sätzen mehr als höllisch aufpassen. Priester, die aus diesem

Orden hervorgehen, zählen nicht nur nach meiner persönlichen Meinung, sondern sind allgemein als die intelligentesten Kleriker in der Welt bekannt und respektiert."

Während sich Peter Weiler mit beiden Händen gleichzeitig über seinen kahlen Kopf fährt, als wolle er seine nicht vorhandenen Haare glattstreichen, schaut er Fabian mit gespielter Überraschung an:

„Fabian, mir ist bekannt, dass du in der deutschen Bundeswehr deinen Wehrdienst absolviert hast. Mir ist weiterhin auch bekannt, dass dir ein Airbus A319-100 als dein persönliches Eigentum jederzeit zur Erledigung deiner Geschäfte rund um den Globus Tag und Nacht zur Verfügung steht. Außerdem erzählen sich die Ebenthaler, dass sie aus glaubwürdigen Quellen erfahren hätten, dass du jeden Flieger in deiner ‚Transatlantic Global Flotte' selber pilotieren könntest. Wie gesagt, das ist das hier in der Umgebung umherziehende Gemunkel. Ob es wirklich so ist und auch stimmt, weißt nur du selbst. Mir, deinem besten Freund, hast du es jedenfalls bisher vorenthalten. Außerdem geht es mich ja auch gar nichts an. Du fragst mich ja auch nicht und weißt es daher auch nicht, für wie viele Leute ich täglich mein Gebet zum Himmel sende und um Gottes Hilfe bitte."

Fabian ist jetzt derjenige, der seinem Freund ohne ein Wort von sich zu geben, geradewegs in die Augen schaut. Erst als die Pfarrsekretärin im Türrahmen erscheint um höflich nachzufragen, ob sie den beiden

Herren noch Kaffee nachschenken dürfe, lacht Fabian kurz auf:

„Frau Schmitteisen, wenn es ihnen nichts ausmacht, möchte ich sie um ein Glas Cognac bitten. Ich werde das Gefühl nicht los, dass ich den jetzt wirklich brauche. Schauen sie doch bitte mal in den Wandschrank gegenüber im untersten Fach nach. Wie ich mich nach meinem letzten Besuch erinnern kann, hat ihn der Pfarrer nämlich dort versteckt."

Mit einer lässigen Handbewegung zeigt Peter Weiler jedoch auf die gegenüberliegende Schrankhälfte:

„Frau Schmitteisen, er hat ja Recht. Bringen sie ihm bitte das Gewünschte, oh, bitte mir auch einen, denn bis jetzt hat das Frage- und Antwortspiel zwischen ihm und mir noch keiner von uns beiden gewonnen. So wie es jetzt aussieht, kann es schließlich doch noch eine Weile dauern."

„Aber Herr Pfarrer!" sind die einzigen Worte, die die Sekretärin Helga Schmitteisen ihm ein wenig vorwurfsvoll zur Antwort gibt.

„Keine Bange, Frau Schmitteisen, wir werden uns nicht betrinken. Aber die Abmachung zwischen Herrn Bauer und mir steht zurzeit unentschieden und ich möchte sie unter allen Umständen gewinnen."

Beide Männer schauen sich an, heben ihre Cognacgläser und prosten sich mit lachenden Gesichtern zu.

„Ja Peter, die Ebenthaler haben Recht. Es gab in meinen früheren Jahren zwei Träume, die ich mir in meinen jungen Jahren unbedingt erfüllen wollte und es auch tatsächlich erreichte, nämlich das Singen und die Fliegerei. Wie du ja weißt, ist leider mein größter Traum zumindest momentan vorzeitig zu Ende gegangen, aber das Fliegen der meisten Flugzeug-Typen in der ‚Transatlantic Global Flotte' ist etwas, was mir so leicht keiner nehmen kann.

Was mein persönliches Flugzeug angeht, ja der Airbus A319-100 steht zurzeit zur Wartung in München und wird glücklicherweise nicht nur von mir allein benutzt. Vielmehr hat die Maschine ihre Feuertaufe schon mehrmals bestanden. In wenigen Stunden kann das Flugzeug nämlich in ein fliegendes Hospital umgewandelt werden. Es wird daher von ‚Transatlantic Global' den meisten Ländern in Katastrophenfällen zur Verfügung gestellt.

So, nun hast du es wirklich geschafft, mir noch die letzten Würmer aus der Nase zu ziehen. Warum ich es dir nicht erzählt habe? Wie dir doch bekannt sein dürfte, hasse ich nichts mehr als Angeben oder Protzerei. Vielmehr bin ich glücklich darüber, dass er da oben, ich meine damit deinen ‚Boss', mir in vielen Lebenslagen mehr als großzügig zur Seite gestanden hat.

Dass sich oft das Leben schlagartig total verändern kann, ist uns ja zur Genüge bekannt.

Vielleicht sollten wir die Türe zu deinem Vorzimmer nun schließen, denn was ich jetzt mit dir zu bereden habe, betrifft eigentlich nur dich und mich und ist nicht für andere Ohren bestimmt."

Ohne sich aus seinem Bürostuhl zu erheben, schiebt der Pfarrer mit dem linken Fuß die Türe so heftig zu, dass sie mit einem satten Klick ins Schloss fällt.

„Fabian, die Idee, dich und deine Tochter Stefanie mit nach Kanada zu nehmen, stammt zwar von mir, aber auch all die anderen meinen es ehrlich mit euch. Denn, ob du es glaubst oder nicht, auch der Pfarrgemeinderat ist von meinem Ansinnen angetan."

Lachend erhebt Fabian seinen Kopf. Irgendwie fühlt er sich heute besonders erleichtert und selbst der Pfarrer strahlt eine ansteckende Ruhe auf ihn aus: „Peter, ich weiß wie du deine ‚Gottscheer' Leute wegen ihres Fleißes und ihrer Ehrlichkeit achtest. Aber es ist selbst auch mir nicht verborgen geblieben, wie sehr diese Leute auch dich respektieren.

Du denkst also nicht, dass sie mich nur deshalb dabeihaben wollen, damit ich ihnen mit den Flugkosten entgegen kommen soll."

Peter Weiler kann ein diebisches Grinsen nicht verbergen:

„Um ehrlich zu sein, sicherlich haben sie das auch in Betracht gezogen, immerhin haben sich bis heute bereits rund sechzig Leute angemeldet, aber das dürfte auch die Mehrzahl sein."

„Peter, bitte gib mir zwei Tage Zeit, die Angelegenheit zu überdenken. Es ist dir doch bekannt, dass alle, die sich zu dieser Voyage bereit erklären, drüben in Kanada Verwandte, Freunde oder zumindest Bekannte haben, bei denen sie die Festtage verbringen werden. Sollte ich mich zu einem ‚Ja' entschließen, denke ich mir einen Vorschlag aus, den ich dir dann unterbreiten möchte. Eigentlich ist es ja mehr wie eine ‚Wette' zwischen uns beiden. Leider muss ich noch ein bisschen daran herumfeilen, da ich weiß, dass dir kirchlicherseits das Eingehen eines solchen Unterfangens sicherlich untersagt sein wird.

Also, warum treffen wir uns nicht noch einmal, sagen wir übermorgen in meinem Haus und finden dann gemeinsam eine für beide Seiten tragbare Lösung? Eines kann ich dir aber jetzt schon verbindlich zusagen; ja mein Airbus steht euch zur Verfügung. Die anfallenden Kosten werde ich aus meinem Privatvermögen begleichen. Schließlich bin ich euch das schuldig.

Damit hast du schon die erste Hälfte unserer ‚Wette' gewonnen, doch die zweite Hälfte möchte ich mit dir persönlich an einige Bedingungen knüpfen, die nicht ganz so leicht und einfach, auch nicht von dir, zu erfüllen sein werden."

„Fabian, die Zurverfügungstellung deines Privatfliegers ist von dir mehr als großzügig. Dafür danke ich dir von ganzem Herzen. Ob aber die im Allgemeinen auf sich so stolzen Gläubigen meiner Pfarrei das so ohne weiteres hinnehmen werden, weiß ich nicht. Sicherlich werden sie überdenken, wie sie dir dafür danken können oder ob sie überhaupt ein Geschenk in einer solchen Größenordnung annehmen werden. Doch wie du schon vorhin erwähnt hast, hat jeder von uns bis zur endgültigen Entscheidung zwei Tage Zeit."

„Oh, Peter, was immer diese Leute sagen oder denken, interessiert mich eigentlich wenig und außerdem brauchst du ihnen ja nicht unbedingt auf die Nase zu binden, wer der Spender ist. Lass dir also eine zwar ehrliche aber vor allen Dingen glaubwürdige Ausrede einfallen."

„Mein lieber Fabian, egal wie es von meiner Seite aufgenommen wird, der Dank meines ‚Bosses', wie du den lieben Gott immer scherzhaft bezeichnest, wird dir auf jeden Fall sicher sein. Auch wenn selbst du dir nicht damit ein Stück vom Himmel erwerben kannst, sicherlich wird sein Schutz und Segen dich und deine kleine Stefanie auf allen Wegen begleiten. Das ist mein fester Glaube, den ich mir durch nichts erschüttern lasse."

Mit einem aufrichtigen Blick aus seinen stahlblauen Augen, erhebt sich Fabian aus dem bequemen Bürostuhl:

„Also Peter, bis übermorgen bei mir und bereite dich gut vor. Ich denke bereits schon darüber nach, welche

Fragen und auch Bedingungen ich dir stellen werde. Aber sicherlich kannst du mir jetzt schon abnehmen, dass dein Glaube und deine Einstellung nicht von mir beeinträchtigt werden. Meine an dich zu stellenden Fragen und Bedingungen sind eigentlich recht menschlich, auch wenn sie von deiner Seite eventuell die Absegnung durch ‚ihn da oben' erfordern.

Die nächsten Tage vergehen wie im Fluge und inzwischen hat der September mit strahlendem Sonnenschein bereits seinen Einzug gehalten. Pünktlich wie versprochen, klingelt zwei Tage später Fabians Handy und Pfarrer Peter Weiler kündigt seinen Besuch in der ‚Bauer Residenz' innerhalb der nächsten zwei Stunden an.

Fabian sitzt in Gedanken versunken auf der Terrasse, während Anni und Max einige kleine Köstlichkeiten zum Empfang ihres Gastes vorbereiten. Doch bei beiden entsteht der Eindruck, dass auf Fabian irgendetwas Bedrückendes zu lasten scheint. Er bemüht sich zwar, den beiden nichts anmerken zu lassen, doch gelingt es ihm auch nicht, es vor Anni und Max total zu verbergen. Dafür kennen sie ihn ja zu gut.

Als sein Freund Peter auftaucht, löst sich sein verkrampftes Verhalten um von einem eigentlich mehr gekünstelten Lächeln abgelöst zu werden. Erst nach einer nur schleppend in Gang kommenden Unterhaltung der beiden, versucht der Pfarrer seinem Freund buchstäblich alles Wissenswerte mit geschickt gestellten Fragen zu entlocken.

„Fabian, du weißt, dass ich ein verlässlicher Freund für dich bin. Momentan kann ich jedoch förmlich spüren, dass irgendein Druck auf dir lastet. Bitte rück heraus mit der Sprache. Bestimmt kann ich dir mit einer Lösung deines Problems zumindest eine Hilfestellung leisten.“

Fabian hat sich inzwischen aus seinem Sessel erhoben. Dem Pfarrer den Rücken zukehrend, schweifen seine Augen über das mit Herbstblumen übersäte Grundstück vor ihm. Mit einer, eigentlich für ihn unüblichen Bedächtigkeit dreht er sich um und beginnt seinem Freund ins Gesicht schauend, zu sprechen:

„Peter, du hast wie meistens, auch diesmal recht. Ich habe die letzten beiden Nächte kaum schlafen können, dennoch möchte ich dich und deine ‚Gottscheer‘ nicht enttäuschen. Hast du dir mal Gedanken darüber gemacht, was mit Stefanie und mir passieren wird, wenn wir mit euch die Überseereise antreten? Stell dir bitte mal bildlich vor, was nach unserer Ankunft geschehen wird! Alle deine Leute werden von ihren Angehörigen und Freunden herzlich begrüßt, dessen bin ich mir sicher. Sie werden, genau wie von dir beschrieben, von ihren Gastgebern aufgenommen und in deren Familien untergebracht werden. Stefanie und ich sind aber für diese Leute doch totale Außenseiter.

Nachdem das alles geschehen ist, werden nur noch zwei fremde Lebewesen, nämlich meine Tochter und ich im Raum wie bestellt und nicht abgeholt sitzen bleiben. Meine ‚Wette‘ mit dir ist genau das Eintreten dieser Situation und ich bitte dich höflich aber bestimmt, keinen Einfluss deinerseits auf alle Anwesenden walten zulassen. Darf ich dich bei dieser Gelegenheit auch bitten, keinen dieser Leute wissen zu lassen, wer wir, ich meine damit Stefanie und mich, eigentlich sind. Mitleid ist übrigens das Letzte, was meine Tochter und ich gebrauchen können. Kommt es hart zu hart, können wir immer noch in einem Hotel unterkommen und ich habe unsere ‚Wette' gewonnen.

Nimmt uns jemand auf, aber bitte ohne deine Hilfestellung, und lässt uns die Festtage in seiner oder deren Familie verbringen, bist du der Gewinner. Also meine Antwort, die ich dir jetzt verbindlich gebe, ist ein klares „Ja". Nur so können wir den Gewinner ermitteln, aber ich bin mir ziemlich sicher, dass ich es sein werde. Zwar nicht erfreulicherweise aber dennoch werde ich als Sieger hervorgehen, denn selbst in deiner großmütigen Beschreibung der ‚Gottscheer', werden sie nicht anders als alle anderen, die ich kenne, reagieren. Warum sollten sie auch, das Leben ist hart und brutal und ich will dir beweisen, dass es dabei keine Ausnahmen gibt. Du als Pfarrer solltest ja eigentlich in der Lage sein, dies alles viel besser als ich beurteilen zu können. Schließlich lasse ich ja nur meinen gesunden und klaren Menschenverstand walten.

Also, von dem Moment unserer Ankunft in Kanada tritt unsere Abmachung in Kraft. Vielleicht bin ich bei meinem Vorgehen ein wenig unfair meinem Töchterlein gegenüber, aber es strahlt auch einen besonderen Reiz aus, einmal am eigenen Leib zu verspüren, wie die Menschen im normalen Leben auf eine solche Situation reagieren werden. Abgemacht?“

„Fabian, du bringst nicht nur mich sondern auch alle unfreiwillig Mitbeteiligten in eine heikle Lage, da du mit deinem Ansinnen die Karten voll ausreizt. Diese Leute in ihrer Güte und Herzenswärme werden von dir voll unterschätzt. Deshalb und gerade darum nehme ich hiermit unsere gemeinsame Abmachung dankend an.“

Kapitel 8: Die Vorbereitung

Während der nächsten Wochen und Monate nimmt im ‚Bauer Estate' in Ebenthal alles seinen gewohnten Lauf. Fabian hat bereits vorsorglich nach Absprache mit seiner Wartungsfirma in München die Entscheidung getroffen, dass der Airbus A 319-100 etwa eine Woche vor seinem Überseeflug auf vierundsiebzig Komfortsitzplätze umgerüstet wird. Des Weiteren hat er angeordnet, dass im hinteren Teil des Passagierjets zusätzliche Treibstofftanks eingebaut werden. Damit wird die Reichweite des Flugzeuges um rund zweitausend Kilometer erhöht, da der Jet mit seinem normalen Treibstoffverbrauch zwar noch im vorgeschriebenen Sicherheitsbereich liegt, jedoch der Grenzlinie bezüglich der Reichweitenreserve zu nahe kommt.

Nach mehreren Gesprächen mit seinem Freund, dem Pfarrer Peter Weiler, hat er diesen des Öfteren ausdrücklich gebeten, seinen ‚Schäflein', denen zwar bekannt ist, dass er kein armer Mann ist, nur das Notwendigste über den Spender preiszugeben. Er möchte damit auf jeden Fall sicherstellen, dass er und Stefanie keine Sonderstellung einnehmen, sondern von allen anderen Mitreisenden wie ihresgleichen behandelt werden.

Die kleine Stefanie ist nach der Trennung ihres Vaters von Christine Freifrau von Junkerndorf total aufgeblüht. Ihre Schüchternheit, ja manchmal konnte man es sogar als Angst bezeichnen, ist von einer unbekümmerten Fröhlichkeit abgelöst worden.

Als sie dann noch von ihres Vaters Seite von der Reise nach Kanada erfährt, ist ihr Übermut kaum in Grenzen zu halten. Außerdem wird einer ihrer Reisebegleiter ihr Schulfreund Tobias sein. Da dessen Mutter, genau wie ihre Mutter ‚Gottscheer Blut' in sich trägt, hat der Pichler-Bauer ihrer Mitreise und der ihres jüngsten Kindes, nämlich Tobias, zwar nicht hocherfreut, aber doch zugestimmt. Tobias hat Stefanie zuzüglich noch hoch und heilig versprechen müssen, dass er ihr mit allen seinen Fähigkeiten bei der Suche nach einer ‚Mama' behilflich sein wird.

Stefanie hat inzwischen ihr Talent, Handschriften anderer Leute gekonnt nachzuahmen, sichtlich verbessert. Um ihr Können und die Perfektion diesbezüglich auszuprobieren, hat sie ihrem ‚Opa Max', soweit ihr das in ihrem kindlichen Gemüt gelungen ist, einen glühenden Liebesbrief von seiner Anni zukommen lassen, auf den der alte Mann auch tatsächlich voll hereingefallen ist. Das vorauszuahnende Fazit dieses Streiches ist die momentane Tatsache, dass Max seiner Anni auf Schritt und Tritt folgt. Dass er dabei ein fast gockelhaftes Benehmen an den Tag legt, macht sich als eine nicht von der Hand zu weisende Tatsache bemerkbar.

Erst ein kleiner Versprecher seines Töchterleins bringt Fabian der Aufklärung nahe. Eine Gardinenpredigt an seine Tochter mit großer Ehrenwortentschuldigung bei

‚Opa Max‘ und ‚Oma Anni‘ aus Stefanies Munde wendet die Sachlage schließlich doch noch zum Guten.

Während sich die Blätter an den Bäumen anschicken, ihr grünes Kleid gegen das buntfarbige des Herbstes einzutauschen, wird es rund um den Wörthersee von Tag zu Tag ruhiger. Nur noch einzelne Boote ziehen ihre Schleifen im rauer gewordenen Gewässer des Sees. Die Anrainer sind sich zwar bewusst, dass der Winter kurz vor der Türe steht, dennoch hält er unverhofft früh seinen Einzug als der erste Schnee zu fallen beginnt.

In Ebenthal und den umliegenden Gemeinden sind inzwischen die Köpfe der sich für die bevorstehende Kanadareise angemeldeten ‚Gottscheer‘ mehr als einmal ins Rauchen geraten. Meinungen werden ausgetauscht und Regeln aufgestellt, um dann doch wieder verworfen oder umgeändert zu werden. Sie lassen die nur noch wenigen Tage bis zum Reiseantritt wie im Flug vergehen.

‚Oma Anni‘ und die kleine Stefanie nutzen die kürzer gewordenen Nachmittage, um alle erforderlichen und notwendigen Reiseutensilien, sowie die warme Winterkleidung für das Kind zusammen zu stellen und zu verpacken.

Doch einer dieser Nachmittage bringt für den gerade von einem Geschäftstermin heimkehrenden Fabian eine der großen Überraschungen, die das Leben so oft in einem vollkommen anderen Licht erscheinen lassen.

Kaum hat er die Eingangshalle betreten, wird er auf das

Getriller einer Kinderstimme aus dem Obergeschoss aufmerksam. Nein, nein es ist kein Getriller, es ist die Stimme seiner Tochter Stefanie. Gerade zu lieblich schön und anmutig weich, dringt es an sein Ohr. Eigentlich, so wie ihm im Moment einfällt, hat er das Kind noch nie Singen gehört.

Sein Herz klopft ihm bis zum Halse, als er zwei Stufen auf einmal nehmend, die Treppe hinaufrennt und aufgeregt an Stefanies Zimmertüre klopft. Schlagartig verstummt der Gesang. Fast ungläubig schaut Stefanie ihren Vater an, der so mir nichts dir nichts, vollkommen unvorhergesehen, in ihr Zimmer stürmt.

Wortlos steht er vor ihr, schaut sie mit ungläubigen Augen an, bevor er sich bückt und das zierliche Mädchen liebevoll an sich drückt.

„Papa, ich weiß wie berühmt du einmal warst und dass du deine Stimme verloren hast, als ich auf die Welt gekommen bin. Deshalb habe ich im Haus hier nie gesungen und die Frau Rauch, meine Musiklehrerin, hat mir fest versprochen, dass sie es dir nicht sagen wird; ich meine das mit dem Kinderchor. Du willst ja immer, dass ich dich nicht an meine Mama erinnern darf, weil es dich so traurig macht."

„Nein Stefanie, so meine ich es nicht. Wenn ich in dein Gesicht schaue, sehe ich doch sowieso immer das Antlitz deiner Mutter vor mir. Ich schwöre dir, ich bete täglich zum lieben Gott, dass er mir noch einmal die Gnade gibt, wieder die Liebe zu einer Person zu finden, die deine Mutter werden wird.

Nun habe ich eine ganz große Bitte an dich. Sicherlich kennst du auch das Lied: ‚Ave Maria, wenn ich ein Glöcklein wär‘ oder? Wir haben nur noch fünf Tage Zeit bis wir nach Kanada fliegen. Wenn ich von jetzt an mit dir übe, denkst du, dass du in Kanada das Lied solo, also allein, singen kannst? Das wäre dann mein schönstes Weihnachtsgeschenk."

„In Ordnung Papa, wenn dir das Lied so gefällt, können wir heute noch mit dem Üben anfangen. Nur damit du Bescheid weißt, den Text kenne ich auswendig, weil die Frau Rauch ihn schon mit unserer Klasse zigmal geübt hat und ich durfte fast immer allein vorsingen."

Fabian schaut seiner Tochter mit ernster Miene ins Gesicht: „Stefanie, du verblüffst mich jeden Tag mit neuen Dingen, doch die heutige Überraschung ist die wohl größte, weil gerade dieses Lied das Lieblingslied deiner ‚Mama‘ war. Persönlich macht sich in mir mehr und mehr das Gefühl breit, dass ich in der Zukunft vieles an mir ändern muss. Ich meine, nur so, dass ich überhaupt noch mit dir schritthalten kann."

„Keine Sorge Papa, du und ich, wir beide schaffen das schon!"

Fabian ist überglücklich und verlässt mit der neuen Erkenntnis Stefanies Zimmer. Seine Tochter hat nicht nur viele unverkennbare Merkmale Gabis ererbt sondern auch eine wunderschöne Stimme, die, wie er fest glaubt, seiner Eigenen in nichts nachsteht.

Noch in der gleichen Stunde versucht er die Verbindung mit Stefanies Musiklehrerin Monika Rauch aufzunehmen. Nach mehreren vergeblichen telefonischen Versuchen erreicht er sie schließlich und vereinbart mit ihr, sich noch am gleichen Abend im ‚Bauer-Haus' zu treffen. In dem folgenden einstündigen Gespräch bestätigt sie ihm, was er in den letzten Stunden erlebt und gehört hat. Ja, sie hat nicht nur das Talent ihres Vaters sondern auch eine großartige Kinderstimme, die in der Zukunft auf jeden Fall und unter allen Umständen ausgebildet und gefördert werden muss.

Die beiden letzten Tage vor der Abreise sind inzwischen angebrochen. Alles Gepäck ist verpackt und am Abreisetag stehen die beiden Zubringerbusse, welche die Passagiere und Gepäck von Ebenthal zum etwa einhundert Kilometer entfernten Airport Graz transportieren sollen, pünktlich um 6.30 Uhr morgens auf dem Parkplatz der ‚Maria-Hilf' Kirche zum Einsteigen bereit.

Fabian Bauer hat bereits am Vortag angeordnet, den ‚Transatlantic Global Airbus A319-100' der auf den Namen des Landes „Kärnten" getauft wurde, von München nach Graz zu überführen.

Im rund achttausend Einwohner zählenden Städtchen Ebenthal herrscht bereits reger Betrieb. Obwohl die Reisedauer nur etwas über eine Woche beträgt, haben sich heute Morgen viele Familienmitglieder, Verwandte und Freunde eingefunden, um allen mitfliegenden

Angehörigen einen angenehmen Flug über den Ozean, frohe Feiertage und überhaupt eine gute Zeit in Kanada zu wünschen.

Dann geht's in einer rund eineinhalbstündigen Fahrt zum Grazer Flughafen. Hier wird beim Einsteigen in den ‚Transatlantic Global Airbus' jeder einzelne Fluggast persönlich von Flugkapitän Hans-Werner Zimmermann und seiner Crew begrüßt und willkommen geheißen. Auch Fabian Bauer und seine kleine Tochter Stefanie werden nach dem Betreten des Flugzeuges von der fünfköpfigen Besatzung nicht anders als alle anderen Gäste behandelt.

Schließlich weiß nur Kapitän Hans-Werner Zimmermann und sein ‚Erster Offizier' Jens Steigenberger, wer da mit ihnen an Bord ist. Die übrige Crew hat nicht die geringste Ahnung, da Fabian Bauer, Hauptaktionär der ‚Transatlantic Global Airlines,' als äußerst publikumsscheu gilt und so gut wie überhaupt keine öffentlichen Bilder von ihm existieren.

Kapitel 9: Die ‚Gottscheer' kommen.

Während sich im Cockpit und in der Kabine des Flugzeuges die Besatzung und die Fluggäste auf den Start vorbereiten und jeden Moment die Startfreigabe vom Kontrolltower erwarten, herrscht im Pfarrzentrum der ‚St. Mary's Church' in Kitchener noch helle Aufregung.

In der großen Halle unter dem Hauptschiff der teilweise im gotischen Stil erbauten Kirche sind einige Dutzend Tische mit jeweils acht Stühlen umgeben, festlich gedeckt. Der Kirchenchor probt noch einmal die Empfangszeremonie durch und der Pfarrer Herman Winkler beobachtet das rege Treiben mit großer Aufmerksamkeit. Schließlich ist es eine Ehre für seine Pfarrei, dass die österreichische ‚Gottscheer' Gemeinschaft diesmal die ‚St. Mary's Pfarrei' in Kitchener/Ontario in Kanada für das jährliche Zusammentreffen ausgewählt hat.

Außerdem ist er seit vielen, vielen Jahren mit dem fast gleichaltrigen Pfarrer von Ebenthal, Peter Weiler, befreundet und freut sich nun riesig auf ein Wiedersehen.

Viele an der Decke und den Wänden der ‚Unterkirche' angebrachten Girlanden und Bilder aus der ehemaligen Heimat verleihen dem sonst so nüchtern ausgestatteten Raum ein festliches Aussehen. In der dem Raum angegliederten Küche werden die von den Frauen extra für die Empfangszeremonie gebackenen Kuchen und

Torten in mundgerechte Stücke aufgeschnitten. In die Aufregung der Anwesenden mischt sich nun auch die Freude auf ein Wiedersehen mit ihren Angehörigen, denn viele von ihnen haben sich seit Jahren nicht mehr gesehen.

Kapitel 10: Auf geht's nach Kanada

Es ist noch früh am Morgen, gerade kurz vor neun Uhr, doch ein richtig kalter Wintermorgen, als der ‚Erste Offizier' des ‚Transatlantic Global' Airbusses A319-100, Jens Steigenberger, vom Kontrolltower in Graz die Startfreigabe für den Flug ‚Trans Global Nummer 371' von Graz zum ‚Pearson International Airport' in Toronto entgegennimmt. Der Kapitän und sein ‚Erster Offizier' lassen nochmals ihre wachsamen Augen über die Cockpitinstrumente schweifen, bevor Hans-Werner Zimmermann die beiden Schubkrafthebel (Trust-Lever) gleichzeitig und gleichmäßig nach vorne schiebt.

Langsam, ja fast bedächtig, dreht und schiebt sich die „Kärnten" aus ihrer Parkposition und rollt über die ‚Taxiways' auf die Startbahn 35L bevor sie in Richtung Norden abhebt.

Nachdem der Airliner innerhalb kurzer Zeit seine vorgeschriebene Reiseflughöhe von 12.300 Metern erreicht hat und die Anschnallzeichen erloschen sind, kommt Bewegung in die Passagierkabine. Stefanie begibt sich in den hinteren Teil, um ihren etlichen Reihen hinter ihr sitzenden Schulfreund Tobias aufzusuchen. Fabian nutzt seine Zeit, um im Cockpit die beiden Piloten zu begrüßen und mit ihnen ein wenig zu fachsimpeln.

Während die beiden Triebwerke mit ihren zigtausend Pferdestärken den Jetliner mit einer Reisegeschwindigkeit von fast neunhundert Kilometern pro Stunde sicher und komfortabel seinem Zielflughafen Toronto näherbringt, haben sich die Fluggäste entschieden, nicht nur so vor sich hinzudösen, sondern sich entschlossen, mit Volks- und Heimatliedern die Flugzeit zu verkürzen.

Fabian hat auch inzwischen das Cockpit verlassen und seinen Sitzplatz am Gang eingenommen. Der Fensterplatz neben ihm, der eigentlich seiner Tochter Stefanie zugeteilt ist, scheint leer zu bleiben. Sie hat es nämlich bewerkstelligt, ihren schmalen Körper zwischen Tobias und seiner Mutter zu zwängen. Schließlich hat man sich ja auch eine Menge zu erzählen, wenn man schon so eine lange Reise unternimmt.

Außerdem ist die Freundschaft der Beiden unzertrennlich und zwar aus zwei äußerst wichtigen Gründen: ‚Erstens hat Tobias ihr mehr oder weniger beigestanden, bis es ihr und den Umständen entsprechend endlich gelungen war, das nicht sehr glückversprechende Verhältnis zwischen ihrem Vater und Tante Christine zu beenden. Schließlich hätte es ja in der Zukunft womöglich noch weit größeren Schaden anrichten können. Zweitens hat er ihr mit Handschlag versprochen, in Kanada bei der Suche nach einer ‚Mama', wie alle anderen Kinder sie ja auch haben, behilflich zu sein. Auf die Worte von Tobias ist Verlass, daran hegt sie keinen Zweifel.

Die Flugzeit bis zur Ankunft in Toronto ist bis auf rund drei Stunden zusammengeschrumpft, als das kleine Mädchen zu dem Sitzplatz neben ihrem Vater zurückkehrt. Nur wenige Minuten danach, ob von der Anstrengung des doch über acht Stunden dauernden Fluges oder einfach wegen der Aufregung, was sie bei der Ankunft in dem fremden Land erwartet, lehnt sie ihr zierliches Köpfchen an die Schulter ihres Vaters. Fabian, der ihre Erschöpfung wahrnimmt, postiert ein Kopfpolster auf seinen Schoß, um dann mit vorsichtigen Bewegungen den zarten Kinderkopf darauf zu platzieren. Noch einmal schauen ihre großen blauen Kinderaugen zu ihm auf, bevor sie ihre Augenlider schließt und mit einem tiefen Seufzer ohne weitere Vorwarnung in das Reich ihrer Kinderträume versinkt. Nicht mal der recht laute Gesang der anderen Mitflieger beeinträchtigt ihren Schlaf.

Fabian Bauer wird urplötzlich von einem unbeschreiblichen Glücksgefühl überwältigt. Mit leiser Stimme mischt er sich sogar in den Gesang seiner Mitreisenden ein. Zum ersten Mal in all den Jahren, die geprägt waren von Traurigkeit und zum Teil auch Selbstmitleid über Gabis Tod, kommen wieder Gesangstöne über seine Lippen. Fast erschrocken aber doch überglücklich, stellt er fest, dass seine Stimme nichts von ihrer melodischen Virtuosität eingebüßt hat.

Obwohl zuerst nur mitsummend, dann aber lauter und kräftiger werdend, tragen selbst die höchsten Töne des Tenors wieder zum vollen Genuss des Klangbildes bei.

Nach Beendigung des gerade gesungenen Liedes herrscht in der Flugzeugkabine plötzlich eine fast unheimlich anmutende Stille, die nur durch das

Geräusch der beiden Triebwerke unterbrochen wird.

Als befände er sich wie früher in einem riesigen Konzertsaal, setzen schlagartig das Händeklatschen und die ‚Bravo' Rufe der Passagiere ein. Fabian reagiert für einen Moment wie benommen auf den überwältigenden Begeisterungssturm. Auf einmal wird ihm klar, dass der nicht aufzuhören wollende Beifall ihm und nur ihm gilt. In diesem Augenblick weiß er nicht einmal wie er reagieren soll. Hätte er noch, wie in früheren Zeiten seine Gefühle in Tränen ausdrücken können, wären diese sicherlich zu diesem Zeitpunkt über seine Wangen gerollt.

Doch jetzt sitzt er still da, die Augen geschlossen und lässt das auf sich einwirken, was er verloren geglaubt und nun auf so seltsame Weise wiedergefunden hat.

Er bekommt seine Gefühle erst wieder vollständig unter Kontrolle, als sein bester Freund Peter Weiler vor ihm steht und seine kräftigen Hände auf Fabians Schulter platziert. Mit ungläubigen Blicken schaut er in das Gesicht des Geistlichen, der nun mit feuchten Augen vor ihm steht. Es hat den Anschein, als wenn beide gerne etwas sagen möchten. Doch keiner von ihnen ist in der Lage auch nur einen einzigen Ton von sich zu geben. Aber nur sie beide wissen, was gerade im Innern des vorher so bekannten und berühmten Tenors vor sich geht. Dennoch wird das vorhin Geschehene auch für sie ein ewiges Rätsel bleiben.

Wie von Flugkapitän Hans-Werner Zimmermann bereits

über die Bordsprechanlage bekannt gegeben, wird bedingt durch günstige Flugbedingungen die Ankunft in Toronto um 16.08 Uhr erfolgen. In der nun folgenden Durchsage bestätigt der ‚Erste Offizier', dass man sich bereits im Landeanflug auf Toronto befindet. Die Außentemperatur in Toronto beträgt zurzeit -4 Grad Celsius und die Wetterlage beschert den Ankömmlingen leichten Schneefall.

Mit einer glanzvollen Landung des Airbusses, die meisten Passagiere haben nicht einmal das Aufsetzen des Fahrwerkes auf der ‚Runway' bemerkt, ist ‚Transatlantic Global Flight #371' in Toronto angekommen. Nach dem Ausrollen und Andocken an der angegebenen Parkposition am Terminal 1 des ‚Pearson International Airports' haben die ‚Gottscheer' Kanadabesucher den längsten Teil ihrer Reise hinter sich und sind nur noch eine kurze Zeit von ihrem endgültigem Ziel, der St. Mary's Pfarrei in Kitchener, entfernt.

Das Aussteigemanöver und auch die Zollformalitäten nehmen zwar auch noch einige Zeit in Anspruch, doch nach rund einer Stunde ist auch das alles erledigt.

Mit Girlanden umrahmten Willkommensschildern warten bereits etliche Angehörige in der Ankunftshalle, um ihre Liebsten voller Freude in Empfang nehmen zu können. Die mit Zierblumen festlich geschmückten zwei Busse setzen sich langsam in Richtung Kitchener in Bewegung. Dort haben sich seit geraumer Zeit eine Menge weiterer Verwandte, Bekannte und Freunde versammelt, die es kaum abwarten können, ihre Gäste auf das Herzlichste feierlich zu begrüßen.

Kapitel 11: Hurra, wir sind in Kanada

Auch Fabian und sein Töchterlein Stefanie haben wie alle anderen in einem der Busse ihre Plätze eigenommen. Obwohl die meisten Fahrgäste von der Aufregung der langen Reise ruhiger geworden sind, kann man die Spannung aber auch Müdigkeit in den Gesichtern einzelner Personen geradezu ablesen. Manche nutzen sogar die etwa einstündige Fahrzeit zu einer kurzen Schlafpause.

Obwohl die Busfahrt vom Flughafen Toronto zu der Stadt Kitchener, wie bereits den Fahrgästen beim Einsteigen mitgeteilt, nur eine gute Stunde in Anspruch nimmt, kommt sie Fabian wie eine kleine Ewigkeit vor. Endlich auf dem großen Parkgelände, welches sich direkt neben der ‚St. Mary's' Pfarrkirche befindet, angekommen, lässt er allen anderen Fahrgästen den Vortritt und verlässt schließlich als Letzter mit Stefanie den Reisebus. Mit seiner kleinen Tochter an der Hand, folgt er den anderen in den großen Raum, der sich direkt unter dem Hauptschiff der Kirche befindet.

Die Atmosphäre, welche die Gäste als auch ihn und seine Tochter dort erwartet und die sich dazu noch geradewegs vor seinen Augen abspielt, ist ausgesprochen herzlich. Die Wiedersehensfreude, die sich gepaart mit den einzelnen Umarmungen in der relativ großen Menschenmenge untereinander hier gerade abspielt, hat irgendwie etwas Rührendes an sich. Etwas, was selbst ihm, dem oftmals hartgesottenen

Geschäftsmann, nahe geht, denn immerhin haben sich viele der hier zusammengekommenen Menschen seit Jahren nicht mehr gesehen.

Erst als die Begrüßung der Angekommenen mit ihren Angehörigen und Freunden dem Ende nähert, steuert er auf den ihm und seiner Tochter angewiesenen Tisch zu. Wie bei den meisten der hier Versammelten, scheint auch seine vorherige Müdigkeit plötzlich wie weggewischt.

Nur wenige Minuten nach dem Servieren von Kaffee, Kuchen und sonstigem Gebäck, schreitet sein Freund, Pfarrer Peter Weiler, auf ihn zu, im Schlepptau den hiesigen Pastor Herman Winkler hinter sich herziehend. Mit wenigen, dennoch für Fabian fast überschwänglich klingenden Worten, stellt Peter ihm den Pfarrer der ‚St. Mary's' Pfarrei vor.

Herman Winkler ist ohne Zweifel ein stattlicher Mann in den Anfang Fünfziger Jahren, der von der ersten Minute an einen äußerst sympathischen Eindruck auf seinen Gast und dessen Tochter hinterlässt.

Die meisten der Angekommenen erscheinen nach den Strapazen der langen Reise doch nun recht müde, sodass selbst die vom Kirchenchor gesungenen Begrüßungslieder leider einen Großteil ihrer Wirkung verfehlen. Der hiesige Pfarrer hat sich inzwischen der Begrüßung anderer auf ihn zustrebenden Ankömmlinge zugewandt.

Nur Peter Weiler, Fabian und Stefanie, der es nur noch

mit viel Mühe gelingt, ihre kleinen Augen offen zu halten, sitzen noch an ihrem runden Tisch. Es sieht plötzlich so aus, als ob jeder der Angekommenen weiß zu wem er gehört und sich langsam die ersten Gastgeber anschicken mit ihrem Anhang den Raum zu verlassen, erhebt sich Peter Weiler. Mit einem kurzen Dankgebet und einer noch kürzeren Ansprache, die offizielle Begrüßungsrede wurde ja bereits beim Eintreffen von einem Pfarrgemeinderatsmitglied gehalten, wünscht er allen seinen ‚Schäflein' einen wunderschönen Urlaub und lässt damit den heutigen Tag ausklingen.

Doch bevor sich sein Freund Peter von seinem Stuhl erhebt und auch ihn verlassen will, legt Fabian seine rechte Hand auf dessen Arm und schaut ihm mit wehmütigem Gesicht in die Augen.

„Peter, vergiss nicht, das Resultat und der Ausgang unserer Wette sind ab jetzt in vollem Gange."

„Ja, Fabian, ich habe es nicht vergessen und nur zu deiner Beruhigung möchte ich dir hier und jetzt sagen, dass ich gewinnen werde!"

„Der liebe Gott erhalte deinen Optimismus, es sieht nämlich nicht danach aus. Bisher hat uns nicht mal ein einziger Gastgeber auch nur angeschaut. Das einzige was mir bisher aufgefallen ist, sind neugierige Blicke, als wenn man uns deuten wollte; ‚Ihr gehört aber nicht zu uns'. Um es dir nochmals deutlich vor deine Augen zu führen; jegliche Einmischung oder Hilfestellung deinerseits ist nicht erlaubt."

„Ja ich weiß und beruhige dich, ich werde mich genauestens daran halten. Nur etwas muss ich dir noch eingestehen, bevor du es anderweitig erfährst und ich heute Nacht wenigstens ruhig schlafen kann. Kurz nach dem Beginn der Reisevorbereitungen und bevor ich meinen ‚Gottscheer Leuten' über dein äußerst großzügiges Angebot, uns deinen Flieger kostenlos zur Verfügung zu stellen, erzählen konnte, habe ich eigenmächtig eine kleine Änderung vorgenommen. Jeder, der mit uns zusammen heute im Flugzeug saß, hat einen kleinen Unkostenbeitrag von 250.-Euro für die Flugkosten bezahlt."

„Bist du noch zu retten?"

„Ja aber jeder hat es gerne bezahlt. Du darfst nicht vergessen, viele wissen, dass du mit der ‚Transatlantic Global Airlines' liiert bist und dass du auch kein armer Mann bist. Aber keiner außer mir weiß, dass du ihr Haupteigentümer bist. Dieses ‚Cover' wollte ich erhalten und außerdem ist jeder der Mitgekommenen über den geringen Obolus zufrieden und ich kann mit dem Geld endlich meinen neuen Kindergarten ohne Schulden fertigstellen.

So und jetzt mache ich mich schnell aus dem Staub, bevor du mit einer Gardinenpredigt beginnen kannst."

„Hau schnell ab, du frommes Schlitzohr und komme mir vor morgen Mittag nicht mehr in die Quere!"

Seine geballte Faust dem Freund nachschüttelnd, dennoch mit einem beiderseitigen Lachen in ihren Gesichtern, trennen sich die beiden. Inzwischen ist auch die Uhr um einige Stunden vorgerückt. Die Wiedersehensfreude nach oftmals etlichen Jahren und alles was man sich nicht in Briefen oder Telefonaten erzählt hat, wurden hier nun ausführlich geschildert, was naturgemäß zur Folge hat, dass die Zeit viel schneller als angenommen vergangen ist.

Der große Saal, den meisten Kirchgängern als die ‚Unterkirche' bekannt, in den letzten beiden Stunden mit Menschen in froher und gelöster Stimmung gefüllt, leert sich nun mehr und mehr. Mit gemischten Gefühlen beobachtet Fabian das Geschehen um ihn herum. Fast ärgerlich trommelt er mit seinen Fingern auf die Tischplatte. Jedes Mal wenn einige zusammengehörende Familien den Raum verlassen, schaut seine kleine Stefanie zu ihm auf. Ihre großen blauen Augen drücken dass aus, was auch ihn inzwischen befallen hat, nämlich eine gewisse Traurigkeit.

Niemand beachtet sie und auch Peter Weiler nimmt für sich nicht das Recht in Anspruch, die restlichen noch Anwesenden auf Fabian und sein Kind aufmerksam zu machen. Außerdem wäre das ein Verstoß gegen diese blödsinnige und schwachköpfige Abmachung, wie sie eigentlich nur unter Männern oder Kindern vereinbart werden kann.

Eine ältere Dame, auf der Größenskala als ein wenig

unter mittelgroß einzustufen, dezent gekleidet und mit einer adretten silbergrauen Haarfrisur, die ihr eine gewisse Eleganz verleiht, wandert zu jedem der wenigen noch besetzten Tischen. Sie wechselt mit den herumsitzenden Leuten einige freundliche Worte, bevor sie jetzt auch auf den letzten, nämlich Fabians Tisch zusteuert.

Während sie Fabian anspricht, wandert ihr Blick zu der kleinen Stefanie, die inzwischen ihren Haar Zopf gelöst und ihre blonden Haare frei über ihre Schultern nach vorne hängen lässt.

„Na, ihr Beiden, ihr sitzt ja so ruhig und traurig dreinschauend da, aber sicher werden eure Angehörigen bald da sein und euch abholen, hab ich recht?

Übrigens, ich bin die Elisabeth König und ich bin eine der ältesten Mitglieder der ‚St. Mary's Pfarrgemeinde. Aus diesem Grunde bin ich auch von Tisch zu Tisch gewandert und habe alle Ankömmlinge begrüßt und nach ihrem Wohlbefinden befragt."

Die kleine Stefanie schaut mit einer gewissen Neugierde in das Gesicht der älteren Dame und bevor diese weitersprechen kann, greift das Kind spontan nach der Hand der Frau.

Mit dem Zeigefinger auf ihren Vater deutend, plappert sie los:

„Das ist mein Papa Fabian und ich bin seine Stefanie

und wir haben keinen hier, der uns abholen kann. Ich freue mich aber trotzdem, hier zu sein. Mein Freund, der Tobias ist auch hier und er hat versprochen, mir bei der Suche nach einer ‚Mama' zu helfen."

Elisabeth König schaut mit ihren großen auffällig dunkelbraunen Augen fast erschrocken in das Gesicht des gut aussehenden Mannes, der neben dem Kind sitzt. Doch auch Fabian muss erst eine Weile überlegen. Auf eine solche Antwort seiner Tochter war er beim besten Willen nicht gewappnet.

„Stefanie, Frau König hat dich nicht gefragt ob du mit deinem Freund Tobias hier für mich auf Brautschau gehen willst. Sie möchte nur wissen, ob wir wie die anderen auch zum Verwandtenbesuch hier sind, stimmt's? Und jetzt möchte ich dich inständig bitten, deine Weisheiten für dich zu behalten, bevor du hier vollkommen fremden Leuten irgendwelche Geschichten erzählst. Hast du das verstanden?"

Mit großen Augen schaut Stefanie ihrem Vater ins Gesicht:

„Papa, ich meine..., ich wollte...," weiter kommt sie nicht, denn tatsächlich hat sie nun die Neugierde der Frau geweckt und versucht hastig ihre kleine Hand deren Hand zu entziehen. Doch so leicht gibt Elisabeth König nicht auf. Stattdessen hält sie die kleine Patschhand des Kindes mit beiden Händen fest umschlungen.

„Es tut mir sehr leid, falls ich irgendetwas Falsches

gesagt habe, es war wirklich nicht meine Absicht."

Gerade diese Worte sind der ausschlaggebende Anlass für das gewitzte Kind und wie auf ein Kommando rollen nun die Tränen über ihr hübsches Gesicht. Vergeblich versucht sie diese mit ihrer freien Hand wegzuwischen:

„Papa, sei mir bitte nicht böse, aber als ich auf die Welt kam, ist meine Mama gestorben. Oft schon hast du mir gesagt, dass ich nur eine neue Mama bekomme, die ins ‚Bauer Haus' einziehen darf, wenn du sie genau so lieb hast wie meine Mama und mich. Tobias und ich wollen dir doch nur beim Suchen helfen."

Elisabeth König ist erschrocken und erschüttert zugleich über die nun einmal unabwendbare Tatsache. Sie steht wie versteinert da und den Tränen nahe. Doch schneller als sie sich es selber vorgestellt hat, schaut sie erst dem Kind und danach Fabian in die Augen.

„Herr Fabian, wenn ich sie so ansprechen darf," dabei drückt sie die kleine Stefanie fest an sich, „wenn sie es erlauben, möchte ich gern ihr Töchterlein für die Zeit hier in Kanada bei mir aufnehmen. Es wird zwar über die Feiertage ein volles Haus bei mir sein. Ich habe nämlich einige Enkelkinder, die altersmäßig gut zu der kleinen Stefanie passen und ich könnte mir nichts Besseres vorstellen, als die gesamte Rasselbande um mich zu haben. Und du Stefanie darfst mich auch einfach ‚Omi' nennen, wenn du willst."

„Ja, wenn ich darf, bist du jetzt meine ‚Omi'. Im ‚Bauer Haus' in Ebenthal habe ich ja auch schon meine ‚Oma

Anni‘ und meinen ‚Opa Max‘.“

Fabian Bauer sitzt wie zu einer Statue versteinert auf der gegenüberliegenden Tischseite. Seine Gedanken schlagen Purzelbäume. Stefanie hat in ihrem kindlichen Gemüt und mit einer gehörigen Portion Schlitzohrigkeit eine Situation heraufbeschworen, der selbst er im Moment nicht gewachsen ist. Von wem sie das wohl geerbt hat?

Ohne Vorwarnung bricht er das Eis, als er mit schüchterner Miene sein Gegenüber anlacht:

„Frau König, ich weiß zwar nicht warum oder weshalb ich ihnen mein einziges Kind anvertrauen soll, aber ihre Gutmütigkeit und ihre Herzenswärme sind einfach nicht zu übersehen. Doch bitte genehmigen sie mir, die Unterbleibe meines Töchterleins anzusehen, bevor ich ihnen und Stefanie mein endgültiges ‚Jawort‘ gebe.“

„Das ist überhaupt kein Problem, meine Tochter Tatjana wird jeden Augenblick auftauchen, um mich abzuholen. Selbstverständlich sind sie herzlich eingeladen, mit uns zu kommen.“

Als hätte diese geahnt, dass ihre Mutter sie gerade angekündigt hätte, öffnet sich die Türe und ein Wesen tritt herein, welches Fabians Blicken nach zu urteilen, aus einer anderen Welt zu sein scheint. Groß, mittelblond und mit der Figur eines Fotomodels, betritt Tatjana König den Raum und steuert zielstrebig auf den Tisch ihrer Mutter zu.

Fabian Bauer bleiben fast gleichzeitig der Verstand stehen und der Mund offen. Mit blitzschnellen Gedanken ordnet er dieses außergewöhnlich hübsche Wesen altermäßig in die Reihe der Anfang Vierziger ein.

„Mom, wie lange muss oder soll ich noch draußen stehen oder können wir jetzt endlich nach Hause?"

Argwöhnisch schaut sie auf das Mädchen an der Hand ihrer Mutter, während sie fast gleichzeitig mit einer Mischung aus Arroganz und eisiger Kälte Fabian mit einem nicht gerade einladenden Blick streift.

„Ja Tatjana, alles hat halt etwas länger gedauert, als ich es mir gedacht hatte. Doch darf ich dir erst einmal vorstellen; dies hier ist Herr Fabian," dabei nickt sie freundlich mit den Kopf in seine Richtung „und das liebliche Geschöpf an meiner Hand ist sein Töchterlein Stefanie. Vorhin haben sich die letzten unserer Leute mit ihren Ankömmlingen nach der Begrüßungsfeier auf den Heimweg begeben. Du weißt doch, dass ich mich in früheren Jahren in unserer Kirchengemeinde auch um das Wohlergehen der Betroffenen gekümmert habe. Ich sehe das als meine Christenpflicht an!"

„Mom, kannst du mir bitte sagen, was das Gerede bedeuten soll?"

Dabei ergreift sie den noch freien Unterarm ihrer Mutter, um sie zum Gehen zu bewegen. Doch die ältere Dame ist anscheinend noch nicht am Ende ihrer Geschichte:

„Tatjana, der Herr Fabian und dieses süße Geschöpf hier an meiner Hand sind von Pfarrer Weiler mit den anderen nach Kanada eingeladen worden. Dabei hat er aber anscheinend nicht bedacht, dass Vater und Tochter hier keine Verwandten haben und auch niemand in unserer Gemeinde kennen, obwohl Herr Fabians verstorbene Frau eine ‚Gottscheerin' war, wie er mir in unserer kurzen Unterhaltung erzählt hat."

Fabian, der während des gesamten Gespräches seinen Blick mehr nach unten als in die Gesichter der beiden Frauen gerichtet hat, blickt jetzt kurz in die Augen der direkt vor ihm stehenden älteren Frau:

„Frau König, falls es ihnen nichts ausmacht, würde ich mich freuen, wenn sie mich schlicht und einfach Fabian nennen würde. Das ‚Herr' ist wirklich nicht nötig. Also lassen sie es doch einfach weg."

Ohne weitere Worte schaut er ihrer Tochter Tatjana in ihre opalgrünen Augen, deren Farbtöne sich je nach Lichteinfall verändern. Sichtlich vor Aufregung zitternd, entschuldigt sie sich bei ihm, bevor sie ihre Mutter zur Seite bittet, um mit ihr einige Worte allein und ohne Zuhörer zu wechseln. Mit einem Wortschwall, von dem er nur Bruchstücke auffängt, versucht sie, ihre Mutter von deren Vorhaben abzubringen.

Jedenfalls zieht Fabian seine Schlüsse daraus, als er bemerkt, dass ihre Mutter mehrfach heftig ihren Kopf schüttelt und sich nicht von ihrer Idee abbringen lässt.

Fabian hat sich inzwischen auf einem Stuhl

niedergelassen und die kleine Stefanie auf seinem Schoß platziert. Geduldig sieht und hört er sich das Wortspiel der beiden Frauen an, weil er beschlossen hat, das Spielchen mitzuspielen ohne seine Identität preiszugeben. Anscheinend ist die alte Dame, soviel ist ihm inzwischen klar geworden, irgendwie irritiert. Vor allem hat sie ihn deshalb mit Herr Fabian angesprochen, weil die kleine Stefanie einige Male das ‚Bauer Haus' in Ebenthal erwähnt hat. Frau König scheint dieses mehr und mehr als Tatsache empfunden zu haben, dass es sich bei Fabian um einen Landwirt handelt, der der Besitzer eines Bauernhofes in der Nähe von Ebenthal zu sein scheint.

Fabians Erscheinungsbild bestärkt auch noch gerade durch seine legere Kleidung diese Ansicht. Er trägt nämlich eine dunkelblaue Jeanshose und dazu einen mittelgrauen Rollkragenpulli.

Die beiden Frauen steuern nach ihrem kurzen aber doch so entscheidenden Gespräch geradewegs auf ihn zu. Als er in die betroffenen Gesichter der beiden schaut, entschließt er sich, das Spiel zu beenden.

Kapitel 12: Halb verloren, halb gewonnen

Vorsichtig, als wäre sie zerbrechlich, hebt er sein Töchterlein von seinem Schoß. Noch bevor er den beiden vor ihm stehenden Damen eine höfliche aber bestimmte Absage erteilen kann, hat sich Stefanie mit dicken Tränen in ihren treuherzigen Kinderaugen zwischen Mutter und Tochter postiert und mit ihren Kinderhänden ergreift sie nach je einer Hand von Elisabeth König und ihrer hartherzig auftretenden Tochter Tatjana.

Gerade als Fabian seinen Mund öffnen möchte um den beiden mitzuteilen, dass er sich mit seiner Tochter in dem naheliegenden ‚Four Seasons' Hotel einquartieren will, ist es nicht Elisabeth König sondern ihre Tochter Tatjana, die ihm zuvorkommt. Die goldfarbene Schürze an ihrem hübschen Dirndlkleid glattstreichend und dabei an Fabian so quasi vorbeischauend, nimmt sie ohne Vorwarnung Stefanies beide Hände in die ihrigen, um das Kind vor sich zu postieren:

„Fabian, darf ich sie auch so anreden, ich habe vorhin meiner Mutter nur klarzumachen versucht, wie es in unserem Haus während der kommenden Weihnachtsfeiertage zugehen wird. Meine jüngere Schwester mit ihrer Familie als auch mein Bruder mit Frau und zwei Kindern werden unser Haus aus den Nähten platzen lassen. Aber meine Mutter hat Recht, Weihnachten verkörpert nicht nur die Geburt Jesus. Es ist vielmehr auch ein Fest der Nächstenliebe. Nichts liegt mir dabei näher, als ihrem süßen Töchterlein das zu vermitteln und weiterzugeben.

Wenn es ihnen nichts ausmacht, möchte ich mich gerne nur ein klein wenig mit ihnen im Beisein unseres Pfarrers Winkler unterhalten. Bitte deuten sie das nicht falsch. Ich möchte halt nur sicherstellen, dass alles seinen ordentlichen Verlauf nimmt. Es ist aber trotzdem schade, dass uns nichts anderes übrigbleibt als Vater und Tochter zu trennen. Aber die Kinder, die über Weihnachten in unserem Haus mit ihrer Tochter zusammen sein werden, sind so lieb wie ihre Stefanie, sodass sie sich wirklich keine unnötigen Sorgen zu machen brauchen.

Stefanie, du und ich, wir werden uns gut verstehen. Nur damit du es von Anfang an weißt, wir werden uns ein Zimmer teilen müssen, aber dein eigenes Bett wirst du schon bekommen.

‚Mom', du passt jetzt mal einige Minuten gut auf die beiden hier auf. Ich möchte nämlich mal versuchen, Pfarrer Winkler aufzutreiben. Sicherlich wird er uns zumindest auch einen Vorschlag einer Lösung bezüglich ihrer Unterkunft, Fabian, einbringen können."

Ohne ein weiteres Wort verlässt sie den Saal, zwei Erwachsene und ein kleines Mädchen zurücklassend, das sein Glück kaum fassen kann.

Obwohl erst ein achtjähriges Mädchen mit unverkennbarer Kindlichkeit, wägt sie die sich vor ihren Augen abspielende Situation blitzschnell richtig ab und beschäftigt sich deshalb auch sofort ohne weiteres mit anderen weittragenden Gedanken.

Nach rund zehn Minuten, die Fabian wie eine kleine Ewigkeit erscheinen, öffnet sich die Eingangstüre und Tatjana tritt mit gleich zwei ihr folgenden männlichen Personen, in den großen fast menschenleeren Raum.

Vor sich herschiebend, bringt sie nämlich Pfarrer Herman Winkler und den trotz seiner Müdigkeit grinsenden Freund, Pfarrer Peter Weiler mit.

Peter Weiler schaut seinem Freund Fabian Bauer lange in die Augen bevor das unverhohlene Grinsen einem breiten Lachen Platz macht:

„Und?“

ist das einzige Wort, was seinem Mund entweicht.

Fabian streckt ihm seine offene Hand entgegen:

„Gewonnen, herzlichen Glückwunsch.“

„Nur halb mein Freund, bis jetzt nur halb. Doch Pfarrer Winkler hier hat dir einen Vorschlag zu unterbreiten.“

Der auch im Pfarrhaus untergebrachte Kaplan Frank Maurer hat gerade heute für zwei Wochen seinen verdienten Weihnachtsurlaub angetreten. Pfarrer Winkler hat sich die Zustimmung des Kaplans eingeholt und bietet nun freudestrahlend das Zimmer Fabian an, um ihm die Auslagen für ein Hotelzimmer zu ersparen.

Auch er hat nicht die geringste Ahnung, wem er das Angebot unterbreitet aber vorsichtshalber bittet er Fabian, sich seine Bleibe für die nächsten Tage erst einmal anzuschauen. Schließlich, wie er aus Erfahrung weiß, ist der Raum nur äußerst spartanisch eingerichtet. Mit Handschlag stimmt Fabian dem Vorschlag zu, nicht jedoch bevor ihm sein Freund Peter Weiler mit einem auffälligen Augenzwinkern zu verstehen gibt, dass er, wie bereits vor Beginn ihrer Abmachung angekündigt, nun 100% der Gewinner ist.

Als wäre bereits etwas unwahrscheinlich Glückliches aber total Unvorhergesehenes eingetreten, ist alle Müdigkeit von Stefanie wie weggewischt. Als sie dann noch während der Fahrt zum Hause der Königs im Stanley Park den Vordersitz neben Tatjana einnehmen darf, schwelgt sie bereits in Träumen, die leider von der Wirklichkeit noch weit entfernt sind. Doch dies wird sich erst in den folgenden Tagen herausstellen.

Elisabeth König und Fabian Bauer haben sich nicht rein zufällig, sondern gewollt auf den Rücksitzen von Tatjanas Mittelklassewagen niedergelassen. Elisabeth ist, wie Fabian es nun am eigenen Leibe zu spüren bekommt, eine wahre Meisterin im Ausfragen nach den Dingen, die ihr am Herzen liegen. Sie möchte wissen, warum und weshalb er und sein Töchterlein Stefanie die weite Überseereise nach Kanada angetreten haben und das sogar in der Weihnachtszeit, obwohl sie wussten, dass ihnen doch hier niemand bekannt ist.

Offenherzig und ehrlich erzählt ihr Fabian, dass der

Ebenthaler Pfarrer ihn dazu bewogen hat, um sein Kind dem Menschenschlag näherzubringen, der einen Teil des Lebens ihrer verstorbenen Mutter beinhaltet hat.

Je näher sie ihrem Wohnhaus kommen, je stiller und schweigsamer wird die ältere Dame neben ihm, während auf dem Vordersitz des Autos die kleine Stefanie sich aufrichtig bemüht der Fahrerin Tatjana König zu imponieren. Bewundernd schaut sie immer wieder in das hübsche Gesicht der jungen Frau und streichelt vorsichtig mit ihrer linken Hand über Tatjanas goldfarbene Dirndlschürze.

Nach nur wenigen Kilometern und etwa zwanzig Minuten Fahrzeit biegt Tatjana in die Einfahrt der ‚König-Residenz', einem zweistöckigen Wohnhaus mit überdachter Terrasse vor der Eingangstür, ein.

Während Fabian aus dem Auto springt und auf der gegenüberliegenden Seite Elisabeth galant beim Aussteigen behilflich ist, öffnet Tatjana die Haustüre und trägt zusammen mit der kleinen Stefanie deren Habseligkeiten in die blitzsaubere Eingangshalle. Wie üblich, folgt seine Begleiterin Elisabeth den beiden ins Haus, wobei Fabian anscheinend seinen ersten großen Fehler begeht. Mit seinen schneebedeckten Winterstiefeln, folgt er der alten Dame, die wie in Kanada so üblich, nach den ersten beiden Schritten in die Halle ihre Winterschuhe abstreift, um sie durch bereitgestellte Hausschuhe zu ersetzen.

Die missbilligenden Blicke Tatjanas nicht beachtend,

folgt er ihr und seiner kleinen Tochter die Treppenstufen hinaufsteigend ins Obergeschoss des Hauses, in dem sich die Schlafzimmer befinden. Seine Blicke in den vor ihm liegenden Raum werfend, in dem Stefanie in einem der zwei dort aufgestellten Betten die nächsten Tage verbringen wird, deutet er mit einem befriedigenden Kopfnicken seine Zustimmung an. Mit einer Hand sanft über den blonden Lockenkopf seiner Tochter streichelnd, verlässt er wortlos das Zimmer, um im Wohntrakt im Erdgeschoss in der Küche auf einem ihm von Elisabeth angebotenen Stuhl Platz zu nehmen.

Nur einige Minuten später erscheint auch Tatjana mit Stefanie an ihrer Hand. Ihre neue ‚Omi' Elisabeth bemerkt als erste, dass das kleine Mädchen am Rande der Erschöpfung angelangt ist und bittet deshalb ihre Tochter, die kleine Stefanie in ihr Zimmer zu bringen.

Noch einmal drückt Fabian sein Ein und Alles fest an sich, bevor er sich von dem Kind verabschiedet. Hoch und heilig verspricht er ihr, dass er am nächsten Morgen da sein wird, um sie abzuholen. Bereits im Halbschlaf legt sie ihren zarten Kinderarm um seinen Hals und verabschiedet sich mit einem ‚Gute Nacht' Kuss auf die ihr dargebotene Wange.

Fabian hält schon sein ‚Handy' bereit, um ein Taxi für seine Heimfahrt zu bestellen. Aber Tatjana besteht darauf, ihn in seine Unterkunft im Pfarrhaus zurückzubringen. Während der Fahrt wechseln beide kaum ein Wort miteinander. Fast greifbar spürt Fabian die spannungsgeladene Atmosphäre, die von seiner zwar äußerst hübschen Begleiterin ausstrahlt und droht, auch auf ihn überzuspringen. Gerne möchte er etwas sagen, doch es fehlen ihm einfach die Worte und so bleibt er schweigsam. Erst bei der Ankunft und einem schlichten ‚Dankeschön', erklärt er, dass er sich morgen Früh einen Leihwagen mieten möchte und ob er am Vormittag seine Tochter besuchen oder abholen könne. Mit einem kurzen ‚Ja' Wort und einem Fabian arrogant erscheinenden Blick lässt sie ihn kurzerhand vor der Eingangstür zum Pfarrhaus stehen um sich nach Hause zu begeben.

Kapitel 13: Die erste Nacht in einem fremden Land

Im Pfarrhaus scheint man bereits zu schlafen, denn nur eine spärliche Beleuchtung im Hausflur zeigt Fabian den Weg zu seinem Zimmer. Todmüde lässt er sich auf das mit einer äußerst harten Matratze ausgestattete Bett fallen, doch der so sehr herbeigesehnte Schlaf will und will nicht kommen.

‚War das der richtige Weg auf den er sich da eingelassen hatte?' Aber es muss doch wohl so sein, denn die Zuneigung die seine kleine Stefanie Elisabeth Königs Tochter Tatjana entgegengebracht hat, war ja fast schon rührend. Doch was ist mit Tatjana? Ist sie wirklich so nüchtern und kalt wie sich gibt oder ist es alles nur gespielt, um eine Schutzwand zwischen ihr und ihm aufzubauen? Auf der anderen Seite steht ihre Mutter, deren Herzenswärme er und seine Tochter Stefanie heute förmlich zu spüren bekamen.

Sicherlich, soviel ist ihm inzwischen klar geworden, hat sich bei Beiden der Eindruck eingeschlichen, dass er, der ‚Herr Fabian', Besitzer eines Bauernhofes in Ebenthal und somit schlicht und einfach ein Landwirt ist. Solange ihnen keiner eine Richtigstellung dieses Missverständnisses beibringt, beschließt er, sie noch einige Tage in diesem Glauben zu belassen.'

Endlich übermannt auch ihn der Schlaf, zwar nur für einige wenige Stunden, denn als er gegen vier Uhr morgens hellwach in seinem Bett sitzt, schweifen seine Gedanken unwillkürlich zurück auf das Geschehene des

Vortages. ‚Als stünde sie gerade vor ihm, sieht er das ebenmäßige Gesicht und die auffallend schönen, grünen Augen Tatjanas vor sich. Gleichzeitig wird ihm klar, dass diese Frau Charisma hat und von einer Aura umgeben ist, die einen dunklen Raum in strahlende Helligkeit verwandeln kann. Aber warum war ihr Verhalten ihm gegenüber so eiskalt? War es das wirklich? Oder war es nur seine Einbildung? Warum ist Stefanie von ihr so angetan? Kinder deuten instinktiv Gefühle am ehesten richtig und seine Stefanie bedeutet diesbezüglich ganz bestimmt keine Ausnahme. Schließlich war ihre Abneigung gegenüber Christine von Anfang an gegenwärtig und hatte sie damit nicht Recht behalten? Oh mein Gott, Fabian, es ist das eingetreten, was du nach Gabis Tod nie mehr für möglich gehalten hast! Du bist total verliebt und das in weniger als 24 Stunden‘.

Seine Gedanken überschlagen sich, ja sie schlagen Purzelbäume, doch es gelingt ihm nicht, sie richtig einzuordnen. An ein Weiterschlafen ist in diesen frühen Morgenstunden nicht mehr zu denken. Vorsichtig und geräuschlos schleicht er sich in das Badezimmer auf der gegenüberliegenden Flurseite.

Noch bevor der eigentliche Morgen anbricht, sitzt er bereits kurz nach sechs Uhr in dem ihm am Vortag gezeigten Frühstücksraum des Pfarrhauses um seinen Gedanken nachzuhängen und dabei auf seinen Freund, Pfarrer Peter Weiler, zu warten.

Etwa acht Kilometer entfernt im Haus der Königs im

Stanley Park begibt sich Tatjana König nach ihrer Rückkehr vom Pfarrhaus in ihr Zimmer. Sie möchte sicherstellen, dass das ihr und ihrer Mutter anvertraute achtjährige Mädchen wirklich tief und fest eingeschlafen ist.

Vorsichtig und ohne auch nur das geringste Geräusch zu verursachen, schleicht sie in den Raum, welchen sie von heute an für einige Tage mit der kleinen Stefanie teilen wird. Ein befriedigendes Lächeln huscht über ihr Gesicht, als sie das schlafende Kind betrachtet. Die langen blonden Locken fallen lose über die Bettkante und berühren fast den Boden.

Ihrer Mutter noch eine ‚Gute Nacht' wünschend, schließt Tatjana genauso geräuschlos wie sie vorhin eingetreten ist, die Zimmertüre bevor sie sich auf ihrer Bettkante niederlässt. Auch bei ihr ist trotz aller Müdigkeit an ein sofortiges Einschlafen kein Gedanke.

Nach dem Nachtgebet bemerkt sie unwillkürlich, dass sie nicht nur das süße Kind neben ihr, sondern auch dessen Vater Fabian bereits in ihr Gebet eingeschlossen hat. Sich nochmals der kleinen Stefanie zuwendend und dabei die Bettdecke vorsichtig über die Schultern des Kindes ziehend, bemerkt sie ein Bild, welches das Mädchen fest in ihrer kleinen Hand hält.

Als wäre es zerbrechlich oder aus Angst es zu beschädigen, löst Tatjana die Fotografie vorsichtig aus der Kinderhand. Nur von der kleinen Nachtlampe beleuchtet, sind auf der Vorderseite Fabian und seine so wunderhübsche Frau Gabi deutlich erkennbar. Bevor Tatjana das Bild auf dem Nachtkasten neben Stefanies Bett ablegen kann, entgleitet es ihren Händen und fällt mit der Vorderseite nach unten auf den Boden. Erst beim Aufheben fällt ihr die beschriebene Rückseite ins Auge. Neugierig hält sie diese unter das schwache Licht der Nachtlampe, bevor sie die Worte entziffert: 'Neben mir steht der Traum meines Lebens, mein Fabian, den ich für immer und ewig lieben werde.'

Als hätte sie einen glühend heißen Gegenstand berührt, legt sie mit einer hastigen Gebärde das Bild auf Stefanies Nachtkasten, bevor sie sich, seelisch total aufgewühlt, in ihr Bett begibt.

Doch was nun folgt, ist eine stille Zwiesprache mit Gott, der in ihrem bisherigen Leben immer wieder die bedeutsamste und größte Rolle gespielt hat. Schlagartig denkt sie zurück, als sie gerade vierzehn Jahre alt, mit ihrer Schulklasse auf einer Ausflugsreise in einen grausamen Unfall verwickelt wurde. Auf regennasser Fahrbahn kam durch einen entgegenkommenden Lastkraftwagen ihr Reisebus ins Schleudern und rutschte, sich mehrfach überschlagend, eine steile Böschung hinab und dann zum Glück in einer aufrechten Position zum Stehen kam.

Viele der zweiundvierzig im Bus befindlichen Kinder wurden schwer verletzt und wie durch ein Wunder gab es keine Todesfälle. Glücklicherweise blieb sie bis auf einige Schrammen an Armen und Beinen unverletzt, doch ihre beste Freundin Patrizia hatte es schlimm erwischt. Hilflos, aber damals schon mit großem Gottvertrauen, legte sie das Gelübde ab, sollte ihre beste Freundin geheilt und mit dem Leben davonkommen, würde sie ihr Leben Gott und nur Gott weihen.

Etliche Monate später, Patrizia überlebte und wurde vollkommen geheilt, erwachte in ihr der Wunsch, in ein Kloster einzutreten, um ihr Gelübde zu erfüllen. Nur das unermüdliche Zureden ihres Vaters brachte sie schließlich davon ab.

Aber nach dem Abschluss ihrer ‚High-School', beschloss sie Religion zu studieren und derzeit ist sie als angesehene Religionslehrerin an einem hiesigen Gymnasium erfolgreich tätig'.

Wie ein Film rollt ihr bisheriges Leben vor ihren Augen ab, ob sie es will oder nicht. Während das süße Wesen im Bett neben ihr sanft schlummert, verstricken sich ihre Gedanken mehr und mehr in Illusionen, die es einfach nicht geben kann oder nicht geben darf.

‚Lieber Gott, du weißt, dass mein Herz, meine Seele, mein Leben dir allein gehört, warum stellst du mich heute vor diese unlösbare Aufgabe? Das Kind braucht und möchte eine Mutter haben, aber was ist mit Fabian? Ich kenne ihn nicht einmal und plötzlich steht er mitten in meinem Leben. Nur du weißt genau, warum ich ihn heute so kalt und unfreundlich behandelt habe! Er hat ohne sein eigenes Wissen oder Dazutun mit seinem Wesen, seinem Benehmen, ich weiß nicht einmal mit was sonst noch, es geschafft, sich mir nichts dir nichts einen Platz in meinem Herzen zu erobern.

Bitte, lieber Gott, lass es einfach nur eine Illusion bleiben, du weißt, ich gehöre dir und nur dir. Ein Gelübde kann man nicht, darf man nicht brechen, aber wie komme ich aus dieser Situation wieder heraus? Nur du kannst mir die richtige Antwort geben. Bitte lass mich nicht hängen, oh mein lieber Gott, ich glaube nicht nur, ja ich weiß es, ich bin verliebt in Etwas, was nicht sein darf oder kann. Bitte, bitte hilf mir, was auch immer deine Entscheidung ist, ich werde sie demütig annehmen‘.

Nach diesen letzten Gedanken fällt auch sie endlich in einen tiefen und glücklicherweise traumlosen Schlaf, aus dem sie erst erwacht, als die kleine Stefanie sie mit den Haarspitzen ihrer blonden Lockenpracht und mit einem schelmischen Lachen im Gesicht, unter der Nase kitzelt.

Kapitel 14: Nur noch vier Tage bis Weihnachten

Obwohl der gerade erst erwachte Tag wieder mit und diesmal sogar mit heftigem Schneefall beginnt, wandert Fabian nach dem ausgiebigen Frühstück zu einem in unmittelbarer Nähe des Pfarrhauses gelegenen Mietwagenverleih.

Innerhalb kürzester Zeit hat er für die Dauer einer Woche einen Geländewagen (SUV) mit Allradantrieb angemietet. Unverzüglich begibt er sich damit auf den Weg zum Haus der Königs in der Stanley Park Area. Auf der Fahrt dorthin lässt er sich durch einen kurzen Anruf bestätigen, dass sein Töchterlein bereits seit einiger Zeit auf ihn wartet um ihm natürlich alle Neuigkeiten der letzten Stunden zu berichten.

‚Omi Elisabeth' und Tatjana haben sie selbst beim Frühstück total verwöhnt und stolz erzählt sie ihrem Papa, dass sie von heute Morgen an, ihre verehrte Tatjana mit ‚Tante Tatjana' ansprechen darf.

Fabian scheint plötzlich verunsichert, alles strömt viel zu schnell auf ihn ein. Im Geschäftsleben wäre so etwas für ihn die Norm gewesen, doch hier handelt es sich um was ganz anderes. Seine Privatsphäre bedeutet für ihn etwas ganz Besonderes. Irgendetwas, das er beschützen möchte, was ihm nur allein gehört. Doch hier scheint sich etwas total Unerwartetes anzubahnen.

Er gesteht sich nur ungern ein, dass selbst wenn von seiner Seite irgendwelche Gefühle für Tatjana erwacht sein sollten, kann und wird er niemals zulassen, dass sich irgendwelche fremde Menschen so mir nichts dir nichts in sein für ihn heiliges Privatleben einmischen. Ohne jegliche Vorwarnung wäre es doch möglich, ihm sein Ein und Alles, nämlich sein Kind Stefanie, zu entfremden oder es zumindest, wenn auch nicht vorsätzlich, versuchen.

Außerdem haben sich in Windeseile in ihm Gefühle aufgestaut, nein auch eine gewisse Art von Wut hat von ihm Besitz ergriffen, die er nicht mal allein und ohne irgendwelche Hilfe kontrollieren kann. Plötzlich verspürt er auch eine Art von Bitterkeit in ihm aufwallen, gemischt mit der Ohnmacht, nichts dagegen tun zu können, ohne seine kleine unschuldige Tochter gleichzeitig mit zu verletzen.

Am Hause der Königs angekommen, steht er momentan noch im Hausflur der ‚König Residenz'. Anscheinend hat man vergessen oder möchte vermeiden, ihn in den Wohnbereich einzuladen. Erst als Stefanie in etwas zu groß geratenen Hausschuhen aus dem Obergeschoss die Treppe hinuntersteigt , nimmt Tatjana neben ihm Aufstellung, um sie gleichzeitig mit weit ausgebreiteten Armen auf den letzten drei Treppenstufen aufzufangen. Immer wieder streichelt das Kind zärtlich über Tatjanas Wangen und Haare. Eigentlich ist alles, was er sich in den letzten Jahren erhofft und erträumt hat, nun über Nacht wahr geworden. Dennoch hat sich seine bisherige Anschauung und Einschätzung der sich vor ihm abspielenden Situation total verändert.

Jetzt, gerade in diesem Moment, wo sich das von ihm so sehnlichst Erhoffte, nämlich die Liebe und Geborgenheit für sein Kind erfüllt, befällt ihn etwas, was man normalerweise schlicht und einfach als Eifersucht bezeichnet.

Mit gekünstelter Miene lacht er Tatjana und sein kleines Töchterlein an. Immerhin ist er noch von dem Gefühl beseelt, dass man ihn wie einen Regenschirm im Hausflur abgestellt hat. Erst als Elisabeth König plötzlich vor ihm steht, um ihn ins Haus zu bitten, erwacht er aus seiner Lethargie. Dabei schaut sie mit nicht übersehbarem Ausdruck im Gesicht auf seine vom Schnee durchnässten Schuhe und dabei fast gleichzeitig auf die gummierte Abstellmatte neben der Türe, auf welcher sich bereits einige Paare abgestellter Winterschuhe befinden.

Jetzt endlich begreift er, warum bereits im Pfarrhaus die beiden Geistlichen in Hausschuhen oder auf Strümpfen herumlaufen. Hatte er doch vor nicht allzu langer Zeit in einer Broschüre gelesen, dass es in Kanada üblich sei, nach dem Betreten eines Hauses seine nassen Schuhe abzustreifen und gegen die meist angebotenen Hausschuhe zu tauschen, notfalls aber auf Socken oder Strümpfen die Wohnräume der Gastgeber zu betreten.

Hastig streift er seine schneebedeckten Winterstiefel ab und folgt Elisabeth in das an den Hausflur angrenzende Wohnzimmer. Doch hinsetzen möchte er sich nicht. Mit sorgfältig ausgewählten Worten bedankt er sich vielmehr nun bei der älteren Dame für die großzügige

Aufnahme und Bewirtung Stefanies in ihrem Haus. Gleichzeitig fragt er nach seiner Schuldigkeit, denn schließlich gewähren Mutter und Tochter ja dem Kind nicht nur Unterkunft, sondern beide versorgen und verwöhnen das Kind als wäre es ihr eigenes.

„Fabian, das ‚Danke schön' nehme ich gerne an, aber bitte fragen sie niemals mehr, wie sie uns entschädigen können oder wollen. Es bereitet Tatjana und mir nicht nur eine große Freude, sondern es ist für uns auch eine Ehrensache, mal wieder so ein liebes und großartiges Kind im Haus zu haben. Um es ihnen mal geradeheraus zu sagen, werde ich das Gefühl nicht los, wieder mindestens dreißig Jahre jünger zu sein. Ich bin mir ganz sicher, dass meine Tochter Tatjana diesbezüglich nicht anders denkt."

Mit Erleichterung bemerkt Fabian, dass seine anfängliche Nervosität und besonders seine Eifersucht schlagartig wie weggewischt sind. Die ‚Grand Dame' Elisabeth hat es mit Bravour geschafft, seine aufgewühlten Gefühle mit gekonntem Einfühlungsvermögen wieder zu beruhigen. Nur wenige Minuten später gesellen sich Tatjana und seine kleine Stefanie zu den Beiden.

Während Stefanie mit überschäumendem Herzen ihrem Vater beizubringen versucht, wie sehr sie von ihrer neuen ‚Omi' und auch ‚Tante Tatjana' verwöhnt wird, steht diese geradewegs hinter ihr. Ihre beiden Hände ruhen auf den schmalen Schultern des Kindes als sie Fabian fragt, ob es in Ordnung sei, dass sie das ihr anvertraute Mädchen heute in ihrer Obhut behalten darf, denn sie möchte mit ihr einige ihrer Freundinnen besuchen, denen sie dann gleichzeitig mit einem gewissen Stolz Stefanie vorstellen möchte.

Ohne den geringsten Einwand stimmt der vorhin mit noch so verstrickten Gefühlen verirrte Fabian ihrem Wunsch zu, da auch er einige Angelegenheiten zu besorge habe, die eigentlich keinen Aufschub duldeten. Was er Tatjana da gerade erzählt, entspricht zwar nicht ganz seinen eigentlichen Vorstellungen, denn er hatte sich ja noch in Ebenthal fest vorgenommen, dass wenn sie in Kanada seien, er jede freie Minute gemeinsam mit seinem geliebten Kind verbringen wolle.

Andererseits liegt es ihm aber im Moment fern, Tatjana oder gar Elisabeth zu vergraulen, indem er ihnen zwar sein Kind anvertraut, es ihnen aber wieder wegnimmt, wenn es ihm gerade so in seine Gefühlsstimmung passt.

Eine kurze Zeit später, eigentlich hat er Stefanie nur einige Verhaltens– und Benimmregeln erklärt, verlässt er das Haus um zum nahegelegenen ‚Waterloo-Wellington Airport' zu fahren. Er möchte umgehend ein Treffen mit dem dortigen Airport-Manager vereinbaren. Der Flughafen ist nämlich innerhalb der letzten zwei Jahre erheblich vergrößert worden und dient schon teilweise als Ausweichflughafen für den aus allen Nähten platzenden ‚Lester Pearson International Airport' in Toronto.

Fabian möchte daher während seines Hierseins alle

Möglichkeiten auschecken, verschiedene seiner ‚Inneramerikanischen' Flüge anstatt in Toronto hier in Waterloo-Wellington starten und landen zu lassen. Die Start- und Landegebühren könnte er dadurch außerdem drastisch senken.

Gerade als er in seinen Geländewagen einsteigen will und in seine rechte Manteltasche greift, fühlt er neben seinem Autoschlüssel einen kleinen Briefumschlag, den er vorsichtig aus der Tasche zieht. In dem unbeschriebenen Kuvert befindet sich ein zusammengefaltetes Stück Papier, welches er jedoch erst auseinanderfaltet als er im Fahrersitz seinen Platz eingenommen hat.

„Lieber Fabian, Stefanie hat mir heute Morgen zwar nicht sehr viel, aber doch so viel verraten, dass ihr Vater bis vor ihrer Geburt ein bekannter und berühmter Sänger war. Weiterhin hat sie mir erzählt, dass sie auf dem Flug nach hier den Ebenthaler Gesangverein mit ihrer wunderschönen Stimme begleitet hätten und alle begeistert waren. Es fällt mir äußerst schwer, sie darum zu bitten, entweder auf der Weihnachtsfeier um vier im Pfarrsaal oder in der Christmette, das Ave Maria singen zu können. Das wäre mein schönstes Weihnachtsgeschenk. Stefanie hat dabei auch erwähnt, wenn Sie das Ave Maria für mich, ich meine natürlich auch für alle anderen erschallen ließen, würde sie Ihnen zuliebe das Lied ‚Ave Maria wenn ich ein Glöcklein wär', nur für ihren Papa singen. Sollten Sie sich dafür entscheiden, muss das unbedingt unser großes Geheimnis bleiben. Lassen Sie sich deshalb auch bei ihrem nächsten Besuch in unserem Haus nichts anmerken, auch mir gegenüber nichts. Ich musste nämlich ihrer Tochter unbedingte Geheimhaltung schwören. Herzlichst Tatjana."

Vorsichtig postiert Fabian das Brieflein zurück in den Umschlag und steckt diesen wieder in seine Manteltasche. Obwohl er weiß, wie talentiert und schreibgewandt seine Tochter ist, wäre er nicht mal im Traum darauf gestoßen, dass sie eventuell der Urheber dieses Schreibens sein könnte. Während der ihn überwältigenden Freude, ist er gleichzeitig bestürzt darüber, dass Tatjana ihn nach so kurzer Zeit mit einem solchen Ansinnen überrascht.

Auf einmal wird ihm auch jetzt klar, warum Tatjana ihn vorhin im Haus einige Male irgendwie nervös oder total aufgeregt angeschaut hat. Jedenfalls ist es ihm so vorgekommen und auch aufgefallen. Zur Zeit des Geschehens hatte er dies sogar als arrogant oder gar etwas aufdringlich bewertet.

Jedenfalls beschließt er seine Route zu ändern um auf dem kürzesten Weg zum Pfarrhaus zurückzukehren.

‚Lieber Gott, verrate mir bitte mal, warum ich seit der ersten Begegnung mit Tatjana hin- und hergerissen werde? Es fühlt sich fast so an, als ob mein Verstand und mein Herz gegeneinander kämpften und sich ohne mein Zutun zu Alleingängen entschlossen hätten. Sollte, nein könnte das bei Tatjana gleichfalls so sein? Nein, daran glaube ich nicht und zum Verschaukeln bin ich zu alt und damit basta‘.

Im Pfarrhaus angekommen, begibt er sich unverzüglich und mit eiligen Schritten zum Pfarrbüro, wo gerade die beiden Pfarrer zusammensitzen und anscheinend über irgendwelchen wichtigen Entscheidungen brüten. Als Fabian mit seinem Anklopfen auch fast gleichzeitig eintritt, dreht der Pfarrer der St. Mary’s Gemeinde, Herman Winkler, seinen Kopf in die Richtung des Eindringlings, wobei er ihn gleichzeitig fast unwirsch anschaut als wolle er sagen: ‚Erst anklopfen und dann erst eintreten‘!

Peter Weiler lacht Fabian jedoch in einer für ihn unverfänglichen Haltung an:

„Na, alles in Ordnung?“

„Ja, ja…., nein eigentlich nicht, sieh dir das hier Mal an!“

Dabei zieht er den Briefumschlag aus der Manteltasche und überreicht ihn seinem Freund. Nachdenklich liest der Pfarrer den Brief, bevor er ihn an Fabian zurückgibt:

„Fabian, wir alle wissen, dass das Leben manchmal schwerer und manchmal leichter, im Grunde genommen, aber doch immer weiter geht. Ich verstehe deinen Unmut vollkommen. Glaube mir, deine Gedanken bezüglich der Frau, die dir erst gestern über den Weg gelaufen ist, kann ich auf deiner Stirne ablesen. Du brauchst aber doch um Himmels Willen nichts zu übereilen. Sie möchte vielleicht doch wirklich nur deine Stimme hören und nicht nur sie, sondern wir alle. Weißt du was wir jetzt tun“, dabei wendet er sein Gesicht seinem Amtskollegen Herman Winkler zu: „ Ist die ‚Unterkirche‘ frei? Dort habe ich nämlich einen Flügel stehen sehen und dort werden wir uns jetzt hinbegeben. Während ich die Tastatur traktieren werde, wirst du deine Stimme ausprobieren und ich bin mir sicher, dass nach der Gesangsprobe dein Herz wieder Purzelbäume schlagen wird.“

In Windeseile hat Herman Winkler aus irgendeinem der Wandschränke die benötigten Lieder- und Notenbücher hervorgezaubert und auf geht‘s in die ‚Unterkirche‘, denn eine solche Gelegenheit kann und will sich kein normal sterblicher Mensch entgehen lassen.

Nach wenigen Anschlägen hat Peter Weiler den richtigen Ton gefunden. Fabian Bauer wirkt aufgeregter als die meisten Kinder vor der Weihnachtsbescherung. Dennoch, nach mehrmaligem Summen der Melodie des ersten Liedes, erwacht die alte Routine in ihm. Als fehlten ihm nicht acht Jahre harter Proben, als stände er wieder wie früher auf einer der ihm vertrauten und bekannten Weltbühnen, singt er zuerst einige für ihn leichtere Melodien. Doch dann stimmt Peter Weiler auf dem Flügel Franz Schuberts „Ave Maria“ an und die wunderschöne, klangvolle Tenorstimme Fabian Bauers erschallt in der Unterkirche der ‚St. Mary’s‘ Kathedrale mit einer solch‘ brillanten Macht, dass selbst die in den buntverglasten Fenstern abgebildeten Heiligenfiguren den Eindruck einer gewissen Lebendigkeit ausstrahlen.

Es tritt das ein, was der Pfarrer seinem Freund vor nicht

Mal einer Stunde prophezeit hat. Fabians Freude ist so überwältigend, dass er die beiden Geistlichen an sich drückt und seinem Freund Peter in seiner Überschwänglichkeit mit einem hörbaren Schmatzer einen Kuss auf seine Glatze drückt. Herman Winkler möchte in seinem Übereifer unverzüglich einige seiner wichtigsten Chormitglieder und ganz besonders den Chorleiter von der seiner Meinung nach unweigerlichen Programmänderung am ‚Heiligen Abend' verständigen. Doch Fabian legt seine beiden Hände auf des Pastors Schulter:

„Nein Pfarrer Winkler, bevor sie irgendetwas unternehmen, möchte ich ihnen einen Vorschlag unterbreiten: Ich werde das ‚Ave Maria' wie vorgesehen hier in diesem Raum natürlich für alle aber ganz besonders als Überraschung für eine Person, die mir sehr am Herzen liegt, singen. Dennoch wird es für alle Anwesenden nicht der Höhepunkt sein, denn jemand mit der schönsten und zartesten Kinderstimme, die ich je gehört habe, wird, begleitet von den beiden Chören, eines der schönsten mir bekannten Lieder solo singen, nämlich das ‚Ave Maria, wenn ich ein Glöcklein wär.' Und ich werde der stolzeste ‚Papa' der Welt sein.

Bitte lass uns so verbleiben. Nun habe ich solchen Hunger, dass ich euch beide in ein kleines Restaurant mit ‚Wiener Einschlag', welches ich zufällig heute Morgen beim Vorbeigehen hier in eurer Nähe entdeckt habe, einladen möchte."

Die nächsten beiden Tage bringen eigentlich nichts

Erwähnenswertes. Die kleine Stefanie fühlt sich im Hause der Königs fast so wohl wie daheim in Ebenthal. Tatjana behandelt das Kind so mütterlich, wie es eigentlich nur einer leiblichen Mutter vorbehalten ist. Doch Fabian gegenüber verhält sie sich weiterhin sehr reserviert. Auch die kleinen inzwischen täglich in andersfarbigen Briefumschlägen meistens mit Gedichten versehenen Briefe, die er in seinen Mantel- und Jackentaschen findet, ändern interessanterweise absolut nichts an ihrem Verhalten oder Umgang zu ihm.

Dennoch, nur einen Tag bevor das Haus der Königs sich mit Kindern und Enkelkindern füllt, passiert für Fabian etwas Unerwartetes, ja Unfassbares, als er gegen Mittag auftaucht, um seine Tochter für einen Einkaufsbummel abzuholen. Während ‚Omi Elisabeth' Stefanie beim Anziehen ihrer Winterbekleidung behilflich ist, sind die Handschuhe des Kindes nicht auffindbar. Noch bevor Elisabeth ihre Tochter Tatjana, die sich gerade im Obergeschoß aufhält, fragen kann, steht das kleine Mädchen bereits auf der untersten Treppenstufe. Mit lauter Stimme will sie ihrer ‚Tante Tatjana' etwas zurufen, doch wie vom Verstand fehlgesteuert, entschlüpft ihr nur ein lautes „Ma….", während ihr der Rest des Wortes im Hals stecken bleibt.

Mit bleichgewordenem Gesicht schaut Fabian die ihm gegenüberstehende ‚Om' Elisabeth an, die ihm in direkter Linie entgegenblickend in die Augen schaut, aber dennoch seinem Blick standhält.

Wie es das Schicksal so will, wird gerade in diesem

schockartigen Moment auch Fabian klar, dass nicht nur sein Kind, sondern auch er mit Haut und Haaren in eine Person mit dem Namen ‚Tatjana' und den schönsten opalgrünen Augen, in die er je geschaut hat, hoffnungslos verliebt ist. Dabei weiß er nicht einmal, ob diese Liebe überhaupt jemals von ihr erwidert werden wird. Ganz sicher sprechen ihr Benehmen und ihr Verhalten ihm gegenüber Bände dagegen.

Fabian und sein Töchterlein Stefanie sind nach der vorhergehenden Episode zu einem der großen Einkaufszentren am Rande der Stadt gefahren. Die Beiden schlendern vergnügt durch die weitläufigen breiten Gänge und bewundern die weihnachtlich geschmückten Schaufenster.

„Stefanie, du weißt ja, dass du mein größter Schatz bist, deshalb möchte ich dir jetzt ein ganz großes Geheimnis anvertrauen. Dabei möchte ich dich um etwas bitten, was eigentlich nicht nur mich, sondern auch dich betrifft. Morgen kommen die Kinder und Enkelkinder von ‚Omi' Elisabeth zu Besuch und im Haus wird es ziemlich eng werden. Glaube mir ja, ich weiß, dass du vieles, was man dir sagt, für immer in deinem kleinen Kopf behältst. Oft sogar Dinge, die du eigentlich wieder vergessen solltest. Und jetzt kommt mein Geheimnis an dich: Die Kinder und Enkelkinder von ‚Omi' Elisabeth sind zwar im wahrsten Sinne des Namens nach ‚Königskinder', was sie aber dennoch nicht zu reichen Leuten macht. Du fängst heute noch mit ‚Omi' Elisabeth und ‚Tante Tatjana' an und Morgen hast du den ganzen Tag Zeit, alle Anwesenden, besonders die Kinder nach ihren Weihnachtswünschen auszuhorchen. Aber bitte geschickt und unauffällig, ich kenne ja inzwischen auch einige deiner Tricks und weiß, dass du das kannst. Du musst dir nur alles unauffällig und gut aufschreiben, damit du nichts vergisst und mir dann morgen Abend die Wunschliste zuspielen. Dann kann ich sie dem Weihnachtsmann noch rechtzeitig übergeben."

Das kleine Mädchen schaut seinen Vater fast vorwurfsvoll an:

„Ja Weihnachtsmann, weißt du eigentlich wie alt und schlau ich bin? ‚Großes Ehrenwort', morgen wird alles erledigt."

Die Beiden heben ihre rechten Hände, klappen sie aneinander und alles vorhin Besprochene ist ab jetzt eine beschlossene Ehrensache, nein, ‚eine große Ehrensache.'

Der vorletzte Tag vor dem Fest ist angebrochen und zwar wetterweise mit Schnee, Schnee und nochmals Schnee. Fabian Bauer hat heute Morgen noch während ihres Frühstückes bereits im Haus der Königs angerufen, um den beiden Frauen und auch seinem Töchterlein mitzuteilen, dass er sie heute am Ankunftstag der restlichen Familienmitglieder nicht auch noch belästigen wolle. Nur so gegen Abend wird er mal kurz vorbeischauen, ob alles seine Ordnung hat oder ob er sich vielleicht sogar in irgendeiner Weise brauchbar betätigen kann.

Als kurz vor Mittag der heftige Schneefall nachlässt und

sich sogar Sonnenstrahlen einige Male mühsam einen Weg durch die ziemlich dicke Wolkendecke bahnen, möchte auch Tatjana zu dem großen Einkaufszentrum fahren, um noch die letzten Besorgungen vor den Feiertagen vorzunehmen. Stefanie schaltet, wenn es darauf ankommt, sehr schnell und obwohl nicht von Tatjana zum Mitkommen aufgefordert, steht sie bereits fertig gekleidet in Haustürnähe, wobei Tatjana noch nicht mal in ihren Mantel geschlüpft ist.

In der ‚Shopping Mall' hat Tatjana in kürzester Zeit das Fehlende besorgt und während sie noch schnell einen kleinen Teeladen betritt, bleibt Stefanie interessiert vor der Auslage eines eleganten und teuren Juweliergeschäftes auf der gegenüberliegenden Seite stehen. Fast erschreckt blickt sie auf, als Tatjana plötzlich neben ihr auftaucht und sie dabei mit einer leichten Armbewegung antippt.

Doch nun passiert etwas Seltsames. Als wäre es ein Gesellschaftsspiel, so vergleichen Frau und Kind nun die eleganten und wertvollen Schmuckstücke in der Auslage vor ihnen, Tatjana jedoch in Unwissenheit, dass es sich hierbei um ein von Stefanie absichtlich gewolltes Spiel handelt.

Die kleine Stefanie möchte am liebsten einen großen Jauchzer loslassen, als Tatjana in der obersten Reihe der Auslage eine wunderschöne Halskette mit einem mit Brillanten verziertem Kreuz entdeckt hat und es ganz aufgeregt dem Kind zeigt.

„Stefanie, es tut mir zwar sehr leid, dass du verloren hast, aber ich glaube ich habe das schönste Schmuckstück hier im Schaufenster entdeckt. Siehst du das Kreuz dort in der obersten Reihe, ungefähr in der Mitte? Das ist das traumhafteste Schmuckstück, was ich je gesehen habe. Es ist irgendwie aufregend, auch wenn man sich so etwas nur ansehen kann. Kannst du den Preis lesen?“

Stefanie schirmt mit beiden Händen ihre Augen ab und drückt dabei fast ihre süße kleine Nase an der Schaufensterscheibe platt:

„Nein, ‚Tante Tatjana‘, es ist kein Preisschild, es sind nur Buchstaben.“

„Ja aber billig wird es bestimmt nicht sein. Kannst du dir vorstellen, manche Leute können sich so etwas leisten, aber das ist O.K.. Für uns wird es halt immer nur ein Traum bleiben. Manchmal ist es sogar schön, nur davon zu träumen!“

„Ja Tante Tatjana, du hast recht“, dabei blickt sie mit ihren treuherzigen Augen Tatjana an, „aber Ma...., eh...Tante Tatjana um deinen Hals wäre es doch vielleicht noch tausendmal schöner.“

„Stefanie, du bist oft nicht nur witzig, du birgst auch allemal eine gehörige Portion Charme in dir. Ist dein Papa eigentlich auch so?“

„Hm, hm, ja genau so, nein, nein, eigentlich noch viel schlimmer. Aber du wirst ihn bestimmt noch besser, noch viel besser kennenlernen."

Stefanie hat ihren Blick immer noch Tatjana zugewandt:

„Tante Tatjana, nur wenn du es mir hoch und heilig versprichst, werde ich dir jetzt etwas anvertrauen, etwas ganz Schönes für dich, aber du darfst es niemals meinem Papa verraten, versprochen?"

Tatjanas Erschrockenheit ist nicht gespielt, der letzte Satz des Kindes hat sie wie ein Blitzschlag getroffen. ‚Was will das Kind ihr erzählen, wovon nicht mal ihr eigener Vater was wissen darf? '

„Stefanie, was immer du mir anvertrauest und was kein anderer hören oder wissen soll, bleibt in meinem Herzen eingeschlossen und dafür verbürge ich mich mit meinem , wie du immer sagst, ‚Großen Ehrenwort'."

Wie auf Kommando wirkt das zarte Mädchen auf einmal total erregt, sie zappelt mit Händen und Beinen, bevor sie sich entschließt, Tatjana dass preiszugeben, war ihr so dringend am Herzen liegt:

„Tante Tatjana, ich weiß nicht genau, wie ich es dir sagen soll, aber ich glaube, mein Papa hat sich total in dich verliebt."

„Stefanie, wie bitte, was sagst du da?"

„Ja aber es ist doch wahr, ich kenne doch meinen Papa und er ist der beste Papa auf der Welt und er hat dich furchtbar lieb."

„Aber was bringt dich auf solche Gedanken?"

„Weil er jetzt so ganz anders ist als früher mit Tante Christine."

Plötzlich ist es Tatjana, die gedanklich vollkommen den Faden verloren zu haben scheint:

„Stefanie, wer ist ‚Tante Christine'?"

„Oh, ‚Tante Tatjana', das war Papas Freundin, die mich nicht mochte, aber die ich auch nicht leiden konnte. Jetzt nachdem mein Papa dich kennengelernt hat, bin ich mir sicher, dass er sich in dich und nur in dich verliebt hat. So was merkt man als Frau und da ich ja auch bald eine Frau werden will, spüre ich das 100 prozentig."

Tatjanas Gesicht ist feuerrot angelaufen. Vor lauter Aufregung lässt sie die Plastiktasche mit den gerade erst erworbenen Teebeuteln aus ihrer Hand auf den Steinboden fallen, wo auch prompt einer der Teebeutel auseinander platzt und der Inhalt sich mit Windeseile auf dem Fußboden verteilt.

Nach dieser Episode, die Tatjana gleichzeitig ein unbändiges Glücksgefühl aber auch Herzschmerzen beschert, begeben sich die beiden, Mutter und Tochter gleich, auf ihren Nachhauseweg. Bei ihrem Eintreffen sind bereits die ersten Gäste, nämlich Tatjanas Schwester Angelika mit ihrem Mann John und den beiden Söhnen Thomas und John Junior angekommen. Bevor Tatjana oder irgendein anderer etwas unternehmen kann, haben sich die drei Kinder sozusagen berochen und wie es scheint, passen die zwei Buben und das Mädchen nicht nur alters- sondern auch wesensmäßig gut zusammen. Als sie von dem zwölfjährigen Thomas und seinem drei Jahre jüngeren Bruder John Junior regelrecht umworben wird, strahlt Stefanie über ihr liebliches Kindergesicht, auch wenn sich die drei sprachlich kaum verständigen können. Aber wer sagt's denn, die entsprechenden Handzeichen zum richtigen Zeitpunkt und einige der von Stefanie falsch ausgesprochenen Worte in der englischen Sprache, tragen zu einer neuen Wortbereicherung des deutsch-englischen Sprachschatzes bei.

Doch plötzlich, wie auf ein Kommando, erinnert sich das Kind an den gestrigen Wunsch ihres Vaters. Um was hatte er sie gebeten? Ah, ja, sie solle alle Weihnachtswünsche der Familie König herausfinden, auf einem Zettel notieren und ihm diesen heute Abend bei seinem Besuch zustecken. ‚Tante Tatjanas' Geschenk weiß sie ja nun schon, aber wirklich? Was wird ihr Vater dazu sagen?

Sie wird ihm auf jeden Fall alles Geld aus ihrem Sparschwein anbieten und das sind wirklich viele Euros, denn das Sparschwein ist prall gefüllt. Hm, wenn ich recht habe, ist es kein Problem, denn wenn mein Papa Tatjana liebt, wird er mir vielleicht sogar noch dankbar sein, ihr ein so schönes Geschenk machen zu dürfen.'

Während sie in das Bubengesicht des vor ihr hockenden John Jr. blickt, sind aber ihre Gedanken bereits wieder bei ‚Tante Tatjana‘ weil sie diese wie im Traum mit dem juwelenverzierten Kreuz umhängend, vor sich sieht. Und nur vier Worte entschlüpfen ihrem kindlichen Mund: „Kriegen wir schon hin!“

Mit viel Geschick und einigen Tricks, die ihr natürlich Tobias beigebracht hat, ist die Wunschliste tatsächlich bei dem Besuch Fabians in den Abendstunden zur Übergabe fertig. Sein Besuch fällt, wie bereits gestern angedeutet, nur recht kurz aus. Nach dem Vorstellen aller Familienmitglieder, wird ihm auch recht schnell klar, dass er sich hier momentan recht überflüssig vorkommt. Selbst seine Tochter beachtet ihn kaum. Tatjana, die seiner Ansicht nach wie ein aufgescheuchtes Huhn herumrennt, ignoriert ihn als wäre er Luft.

Mit der Chefin des ‚König-Clans‘, Elisabeth, die naturgemäß durch den Besuch von Kindern und Enkelkindern voll in ihrem Element ist, kann er gerade noch vereinbaren, dass er morgen Früh nach dem Frühstück sein Töchterlein abholen möchte um mit ihr die restlichen Weihnachtseinkäufe zu tätigen.

Wie gesagt, so getan, der letzte Tag vor dem ‚Heiligen Abend’ gehört Fabian und seiner Tochter Stefanie. Nach dem etliche Stunden dauernden Bummel durch die verschiedensten Geschäfte, sieht es endlich so aus, als wenn Vater und Tochter die Nasen gestrichen voll hätten. Stefanie, von ‚Omi‘ Elisabeth in viel zu warme Winterkleidung eingepackt, schiebt ihre kleinen Füße nur noch mühsam Schritt um Schritt nach vorne. Mit einem tapferen Lächeln zu ihrem Vater aufschauend, bittet sie ihn darum nach Hause gebracht zu werden, denn sie scheint am Ende ihrer Kräfte angelangt zu sein. Der Wunsch wird von ihres ‚Papas' Seite fast dankend angenommen, denn auch bei ihm zeigen sich jetzt unausbleibliche Ermüdungserscheinungen.

Kurz nachdem Fabian sein Töchterlein ins Haus der Familie König zurückgebracht hat, begibt er sich auf dem direkten Weg ins Pfarrhaus der ‚St. Mary's' Gemeinde, wo er bei seiner Ankunft bereits von den beiden Priestern Peter Weiler und Herman Winkler erwartet wird. Beide bitten ihn fast gleichzeitig, für eine kurze Unterredung ins Pfarrbüro einzutreten. Mit Bedacht schließt Peter Weiler die Bürotür hinter sich.

Nachdem die drei Personen um einen runden Besuchertisch nahe dem buntverglasten Fenster Platz genommen haben, startet Pfarrer Herman Winkler die Unterhaltung:

„Fabian, Morgen feiern unsere Gemeinde und deren Gäste einschließlich unserer Chorgemeinschaften erst die feierliche Mitternachtsmette und dann am ersten Weihnachtstag um 10.30 Uhr morgens zelebrieren ihr Freund hier und ich gemeinsam mit allen Besuchern, Gästen und Chören einen feierlichen Weihnachtsgottesdienst. Es fällt mir nicht leicht einen so berühmten Mann wie Sie um etwas zu bitten. Doch ihr Freund Peter hier hat mich ermutigt, indem er mir klipp und klar andeutet, dass Sie besser als alle Menschen um sie herum wissen, wer derjenige ist und wem Sie für ihre so einmalige Stimme zu danken haben.

Als ‚Danke schön' bekommen sie zwar nur ein ‚Vergelt's Gott', doch werden sie alle Menschen, die mit uns gemeinsam an diesem Gottesdienst teilnehmen, reichlich beschenken und zwar mit nur einem Lied, nämlich dem ‚Ave Maria' von Franz Schubert. Ich werde jetzt noch immer von einer Gänsehaut überlaufen, wenn ich nur an ihren Probegesang von vorgestern in der ‚Unterkirche' denke.

„Herr Pfarrer, der liebe Gott hatte mir meine Stimme gegeben, er hat sie mir beim Tod meiner lieben Frau Gabi genommen und jetzt hat er sie mir wie durch ein Wunder wieder geschenkt oder vielleicht auch nur geliehen, ich weiß es nicht. Darf ich euch beide bitten, es also bis übermorgen, als ein Geheimnis zu bewahren, denn es ist mein größter Wunsch, das ‚Ave Maria' in eurem Festgottesdienst für jemand zu singen, der gerade wissentlich oder unwissentlich dabei ist, mir mein Herz zu stehlen."

Nach Fabians letzten Worten, springt sein Freund Peter Weiler, wie von einer Tarantel gestochen, aus seinem Sessel:

„Fabian," dabei strahlt er übers ganze Gesicht, „du meinst, es ist etwas eingetreten, was die letzten acht Jahre in die Vergangenheit zurückschiebt? Beruhige dich, ich werde dir jetzt keine Fragen stellen. Dennoch gehe ich davon aus, dass du mir alles erzählen wirst, wenn die Zeit dazu reif ist. Wäre ich doch gegen den

Willen meiner Kirche auch zu einer Wette diesbezüglich bereit gewesen! Stell dir vor, dann hätte ich gleich zweimal voll gegen dich gewonnen. Ein Rekord, den gegen einen Fabian Bauer so leicht niemand schafft!"

Auch Pfarrer Herman Winkler hat sich aus seinem Stuhl erhoben:

„Ich werde das komische Gefühl nicht los, dass ich momentan hier in meinem eigenen Büro überflüssig bin, zumindest kommt es mir so vor. Werde euch also später beim Abendessen wiedertreffen. Und Fabian, noch etwas, erzählen sie meinem Priesterfreund nicht zu viel. Vergessen sie nicht, er ist auch nur ein Mensch und manchmal ein recht neugieriger."

Den Beiden kurz zunickend, verlässt er mit einem breit grinsenden Gesicht den Raum.

Der letzte Tag vor dem Weihnachtsfest, also der ‚Heilige Abend', kommt und vergeht ohne besondere Vorkommnisse oder Aufregungen. Wie in Kanada so üblich, finden die Bescherung und das Austauschen der Geschenke erst am Weihnachtsmorgen statt und auch die Residenz Elisabeth Königs macht darin keine Ausnahme.

Während alle anderen noch schlafen, sind Elisabeth und ihre Tochter Tatjana bereits seit fünf Uhr morgens auf den Beinen. Zuerst haben sie alle Geschenkpakete mit Namensschildern versehen und danach unter dem bereits am ‚Heiligen Abend' aufgestellten festlich geschmückten Weihnachtsbaum postiert. Nun laufen die Zeiger der großen Standuhr auf die sechs Uhr Markierung zu. Draußen ist noch alles in tiefe Dunkelheit gehüllt, als die kleine Stefanie aus ihrem Zimmer kommend, auf der obersten Stufe kurz verweilt, bevor sie mehr springend als gehend, die Treppe herunterkommt und auf Tatjana zu rennt. Dabei versucht sie mit ihren kleinen Armen ihre ‚Tanta' Tatjana fest an sich zu ziehen.

Kurz danach geschieht alles viel schneller, als Mutter und Tochter es sich eigentlich vorgestellt hatten. Innerhalb weniger Minuten ist nämlich das gesamte Haus vom Schlaf erwacht.

‚Weihnachten ist da'.

Die Erwachsenen können sich nur noch durch Zurufe verständigen, denn das aufgeregte Geschrei der Kinder übertönt alles andere und macht damit eine normale Unterhaltung so gut wie unmöglich.

Kapitel 15: Weihnachten

Erst als die kräftige Stimme John Sr. alle im Raum Anwesenden zur Ruhe auffordert, wird es schlagartig mucksmäuschenstill. Mit gelassenen Schritten begibt sich Tatjanas Bruder zum Weihnachtsbaum und beginnt mit der Geschenkverteilung, in dem er die Namen der Betreffenden laut und deutlich aufruft.

Inmitten dieser den Höhepunkt darstellenden Bescherung wird er durch das Klingeln an der Haustüre recht unwirsch unterbrochen. Als Tatjana dorthin eilt, um nachzuschauen, wer sie zu dieser frühen Morgenstunde und dazu noch am Weihnachtstag mit einem ungebetenen Besuch überraschen will, zuckt sie unwillkürlich zusammen.

Vor ihr steht nämlich in roter Robe und mit weißem Vollbart...... der lebendige *Weihnachtsmann.*

Plötzlich herrscht im Haus zum zweiten Mal an diesem Morgen absolute Totenstille. Selbst Tatjana hat es die Sprache verschlagen, als sie an der Person des Weihnachtsmannes vorbeischauend, einen Lieferwagen am Bordsteinrand stehen sieht. Eine weitere Person bringt aus dem Inneren des Kastenwagens mehrere Kartons, ja sogar ein ‚Mountain-Bike' und postiert alles in der Eingangshalle neben den dort noch immer stehenden ‚Weihnachtsmann', der jetzt mit einer tiefen Tonlage in der Stimme, zu sprechen beginnt.

Eigentlich sind es nur einige kurze Sätze, in denen er

den Kindern erklärt, dass alle ja während des Jahres sehr brav gewesen seien und er daher auf einer Liste für jedes Kind alles das aufgeschrieben habe, was es sich gewünscht habe.

Den Erwachsenen, also der gesamten Familie König und allen Kindern und Enkelkindern, sowie als auch dem Gast, nämlich der kleinen Stefanie, wünscht er ein frohes und gesegnetes Weihnachtsfest. So schnell wie alles gekommen ist, ist auch alles wie ein Traum vorbei.

Der ‚Weihnachtsmann' ist im dichten Schneetreiben wie von Geisterhand davongetragen, vor der Haustüre verschwunden.

Es ist inzwischen 7 Uhr 30 geworden, also immer noch recht früh an diesem verschneiten Weihnachtsmorgen. Nicht nur die Kinder, auch die Erwachsenen haben inzwischen ihre Geschenke ausgepackt und die vorausgegangene Aufregung ist nun einem fast unglaublichen Erstaunen gewichen.

Alle haben nämlich das bekommen, was sie sich eigentlich nur erträumt und wirklich nur erträumt hatten.

Die kleine Stefanie kann es nicht fassen, denn sie hat die schönste Puppe und zwar die mit der ‚Mamastimme' bekommen. ‚Aber woher wusste der Weihnachtsmann davon? Seit dem vergangenen Jahr hat sie nicht mehr daran geglaubt oder zumindest stark gezweifelt und nun gibt es ihn wirklich doch? Sie weiß genau und kann sich ganz bestimmt daran erinnern, dass sie von dieser

Puppe nur geträumt und nicht mal ‚Tante Tatjana' davon erzählt, ganz zu schweigen, 100% nicht ihrem Papa. Aber woher weiß der Weihnachtsmann...?'

Jeder der im Haus Anwesenden ist momentan mehr oder weniger mit sich selber beschäftigt, als Stefanie mit der wohl unschuldigsten Miene im Gesicht ihrer ‚Tante Tatjana' ein kleines nicht mal so gekonnt schön eingepacktes Schächtelchen in die Hände drückt. Aufgeregt von einem Fuß auf den anderen stampfend, tritt sie nicht Mal einen Zentimeter zurück, als Tatjana vorsichtig Schleife und Geschenkpapier von dem dunkelblauen Samtkästchen löst.

Obwohl Tatjanas Hände zittern, als sie den Deckel der kleinen Box aufklappt, überdenkt sie logisch, was das Kind sich wohl als Geschenk für sie ausgedacht hat. Das süße Mädchen, welches vor Freude fast auf Tatjanas Füßen steht, schaut ihr mit offenem Blick in die Augen, während sie dabei ihre so liebgewonnene ‚Tante Tatjana' treuherzig anlacht.

In der Schachtel befindet sich nämlich eine fast naturgetreue Nachbildung des Kreuzes, welches Tatjana mit ihrem kleinen Liebling in der Schaufensterauslage des Juwelierladens entdeckt hatte. Was ihr aber beim besten Willen nicht einleuchtet, ist die Tatsache, wie das Kind es bewerkstelligt hat, in der Kürze der Zeit eine naturgetreue Nachbildung zu finden und diese hinter ihrem Rücken zu beschaffen.

Elisabeth König hat inzwischen unter der Mithilfe ihrer

Kinder den Frühstückstisch gedeckt. Zwar immer noch begleitet von dem lauten Gerede aller Anwesenden, hat sich inzwischen jeder auf einem der freien Stühle platziert, um sich dem reichlichen Frühstück zu widmen.

Der starke Schneefall der letzten Stunde hat inzwischen einer aufgelockerten Bewölkung Platz gemacht, als Tatjana plötzlich aufspringt und mit hochrotem Kopf zum Garderobenständer im Hausflur rennt. Ohne jegliche Worte schlüpft sie in ihre Winterkleidung um in der angrenzenden Garage zu verschwinden.

Nur wenige Minuten später biegt ihr Auto in die am Haus vorbeiführende Straße ein, alle im Ess- und Wohnzimmer sitzenden Erwachsenen völlig erstaunt zurücklassend. Eine vorher nie gekannte Erregung hat sie erfasst und fast hätte sie mit voller Geschwindigkeit in der glücklicherweise noch verkehrsarmem Straße ein Stoppschild überfahren, bevor sie auf den Parkplatz vor dem ‚Shopping-Center' mit dem eleganten Juwelierladen einbiegt.

Dort angekommen, springt sie aus ihrem Wagen, nicht Mal den Motor abstellend und rennt so schnell sie ihre Füße tragen, zu der Schaufensterauslage. Wie sich in einem Trancezustand befindend, schaut sie in die mit wertvollen Schmuckstücken ausgestattete und mit dicken Eisengittern abgesicherte Auslage. In die oberste Reihe blickend, dort wo vorgestern noch das traumhaft schöne, mit Diamanten verzierte Kreuz auf einer dunkelblauen Samtauflage ausgestellt war, bestätigt sich ihr Verdacht. Eine gähnende Leere ist alles, was an dieser Stelle übriggeblieben ist. Von einem schier unfassbaren Glücksgefühl beseelt, begibt sie sich auf den Nachhauseweg. Doch eins ist ihr inzwischen klar geworden, alles was sie in den letzten Tagen erlebt hat, passt irgendwie nicht zusammen. Es macht in ihren Augen nicht Mal einen Sinn.

Dass ein gewisser Fabian und seine kleine süße und so unschuldig wirkende Tochter in diese Verwirrung verwickelt oder gar die Anstifter sind, dessen ist sie sich inzwischen vollkommen sicher.

Die Zeit drängt jetzt. Als sie durch die Garagentüre ins Haus eintritt, richten sich aller Augenpaare, besonders der ihrer Mutter wie magisch auf sie. Selbst die kleine Stefanie scheint auf eine Erklärung zu hoffen. Doch Tatjana bleibt stumm. Nur ihre rotgeränderten Augen lassen den Betrachter einen seelischen Zusammenhang ahnen.

Pünktlich um 9.45 Uhr verlässt der gesamte ‚König Clan' das Haus im Stanley Park um rechtzeitig um 10 Uhr im großen Saal unter der Pfarrkirche ‚St. Mary's' dem großen Weihnachtskonzert beizuwohnen. Der Chor der ‚St. Mary's' Kirchengemeinde als auch der Ebenthaler Kirchenchor werden zum ersten Mal gemeinsam singen um danach den Festgottesdienst ebenfalls zusammen mit ihrem Gesang verschönern.

Doch der Höhepunkt dieses Geschehens ist eigentlich nur zwei Personen bekannt, während ein dritter Mitwisser nur eine gewisse Vorahnung hat.

Der äußerst geräumige Saal der sogenannten ‚Unterkirche' ist bis zur Grenze seiner Aufnahmefähigkeit besetzt, als Elisabeth König mit ihrer Familie den Raum betritt. Nahe der linken Saal Wand, jedoch noch ziemlich im Mittelpunkt des Geschehens, ist bereits für die Eintretenden ein Tisch für etwa zwölf Personen reserviert, an dem genügend Platz für jedes Familienmitglied vorhanden ist.

Nur zwei Minuten nach dem angekündigten Konzertbeginn, also um 10.02 Uhr, hebt der Dirigent Waldemar Schreiber den Taktstock, um das erste Weihnachtslied zu dirigieren. Obwohl man für das gesamte Konzert aus Zeitmangel an diesem Weihnachtsmorgen nur eine Stunde vorgesehen hat, wird es ein voller Erfolg, wie man dem Beifall seiner Zuhörer entnehmen kann. Beide Chöre, der ‚Ebenthaler Kirchenchor' als auch der ‚St. Mary's Chor' geben heute natürlich ihr Bestes und versuchen sich gegenseitig zu überbieten. Schließlich haben sie alle Lieder monatelang vorher vielmals geprobt. Dabei sind manche Schweißperlen, nicht nur von den Dirigenten, sondern auch von den Sängern und Sängerinnen geflossen.

Abwechselnd präsentieren sie nun ihre schönsten Weihnachtslieder um mit großer Freude und Genugtuung den Beifall der andächtig zuhörenden Gäste und Besucher in sich aufzunehmen. Nach rund fünfundvierzig Minuten ist dann auch der größte Teil des Repertoires abgesungen. Es folgt eine fünfminütige Verschnaufpause, in der sich die Mitglieder der beiden Chöre mehr oder weniger miteinander vermischen.

Denn was die Zuhörerschaft nun erwartet, ist ein Höhepunkt, der in die Geschichte der ‚St. Mary's Pfarrgemeinde' aufgenommen und über kommende Jahre hinweg von denen, die ihn miterleben durften, immer wieder an ihre Nachfahren weitergegeben wird.

Während beide Chorgemeinschaften sich noch damit beschäftigen, die richtigen Aufstellungen und Positionen für die verschiedenen Stimmen zusammenzustellen, hat sich die kleine Stefanie unbemerkt von den Familienangehörigen der Königs davongeschlichen. Jetzt steht sie auf der Bühne, geradezu vor den Sängern und Sängerinnen, die sich im Halbkreis um sie scharen.

Tatjana ist sichtlich erschrocken, als sie das achtjährige Mädchen im Mittelpunkt des Geschehens erspäht. Sie hat doch immer aufgepasst, ja meistens hat sie sogar eine kleine Patschhand Stefanies in der ihren gehalten. Soll oder muss sie sich jetzt Vorwürfe machen? Nein, aber von diesem Moment an wird sie jeden Schritt und jede Bewegung des Kindes verfolgen und im Auge behalten.

Bevor es ihr jedoch gelingt in dem Menschengedränge auf die Bühne zuzuschreiten, wird es still in dem großen Saal. Dann plötzlich, wie von einer Stimmgabel vorgegeben, setzen die ersten Klaviertöne ein und unter der Leitung des Ebenthaler Dirigenten, Professor Johannes Wagner, stimmen die Chorsänger und Sängerinnen gemeinsam das „Ave Maria.....wenn ich ein Glöcklein wär...." an.

Doch vor ihnen steht ein kleines Mädchen in einem Dirndl-Kleid. Ihr hübsches Gesicht auf die Menschen vor ihr gerichtet, während sie ihre langen blonden Locken lose über ihre Schultern fallen lässt. Ihre kleinen Hände hat sie ehrfürchtig gefaltet wobei ihre Finger himmelwärts zeigen. Als sie dann den Einlagetext des ‚Ave Maria' mit ihrer reinen, klaren Stimme singt, ist sicherlich nicht eine einzige Person, nicht Mal die Abgebrühteste, im Raum, der nicht ein Schauer über den Rücken läuft.

Nach drei Minuten und vierzehn Sekunden ist alles vorbei. Doch der orkanartige Beifall für diesen Höhepunkt und das Kind mit der so wunderschönen Stimme will und will nicht enden.

Endlich, der kleinen Stefanie bleibt ein Augenblick um sich mit einem höflichen Knicks und der dazugehörenden Verbeugung zu bedanken, bevor sie von den Sängerinnen und Sängern umringt und immer wieder umarmt wird.

Tatjana steht wie versteinert mitten im Saal, sie ist weder in der Lage klar zu sehen noch zu denken. Obwohl heute Weihnachten ist und sie weiß, dass auch Stefanies Vater hier im Saal ist, hat sie auch Fabian bis jetzt nicht zu Gesicht bekommen. Immer noch sieht sie das engelhafte Gesicht Stefanies, ihre gefalteten dem Himmel zu gestreckten Hände, hört ihre glockenreine Stimme. Sie merkt in ihrer seelischen Aufgelöstheit nicht Mal, wie ihr die Tränen in Strömen die Wangen hinunterlaufen.

Als nach minutenlangem Händeklatschen und Beifallsrufen wieder einigermaßen Ruhe eintritt, zwängt sich die schmächtige Kindergestalt Stefanies aus der auf der Bühne noch immer eng zusammengedrückten Chorgemeinschaft. Nach einigen wenigen Augenblicken hat sie Tatjana entdeckt, rennt auf sie zu und schmiegt sich mit der ihr eigenen Herzlich- und Vertrauensseligkeit an ihre ‚Tante'.

Eine kleine Patschhand des Kindes haltend, als wolle sie sie nie mehr loslassen, kämpfen sich die Beiden zum Tisch der Königs durch.

Noch bevor es irgendeinem aus der Familie König gelingt auch nur eine einzige Frage an einen der beiden Ankömmlinge zu stellen, wird es plötzlich so mucksmäuschenstill in dem Riesenraum, dass man ohne weiteres das Geräusch einer zu Boden fallenden Stecknadel wahrgenommen hätte.

Beide Chöre haben wieder ihre vorherigen Plätze eingenommen und auf der vordersten Kante der Bühne steht Pfarrer Peter Weiler mit nach vorn ausgestreckten Händen, die mit sanften Bewegungen auf unbedingte Stille hinweisen möchten. Obgleich diese bereits eingesetzt hat und nicht mehr unterboten werden kann, deutet er noch einige Male mit seinem Zeigefinger auf seinen Lippen allen Anwesenden an, keinen Laut mehr von sich zu geben.

Der Dirigent, Professor Johannes Wagner, hebt beide Arme und wie von einer magischen Kraft gelenkt, beginnt die gesamte Chorgemeinschaft ein summendes „Hmmmmm“, welches sich melodisch an die von Waldemar Schreiber angestimmten Flügeltöne anpasst.

Wie von Zauberhand steht urplötzlich dort unterhalb der Bühne mitten im Saal die attraktive und stattliche Gestalt Fabian Bauers im eleganten Smoking und mit blütenweißem Frackhemd. Nur noch ein kurzer Blick zum Dirigenten und dann startet er mit einer der wohl zurzeit schönsten und klangvollsten Tenorstimme der Welt das „Ave Maria“ von Franz Schubert.

Die kleine Stefanie hat sich mit beiden Händen fest an Tatjanas Kleid geklammert, zieht daran, dabei mit gedämpfter Stimme immer nur zwei Worte von sich gebend: „Mein Papa, mein Papa“. Tatjana ist zu einem Eisblock erstarrt. Sie ist nicht Mal mehr in der Lage, ihre unmittelbare Umgebung in sich aufzunehmen, geschweige denn das sich nur wenige Meter von ihr abspielende Geschehen zu verkraften. Wer ist dieser Mann, der praktisch vor ihr steht und mit der wohl schönsten und klarsten Tenorstimme, die sie je gehört hat, das „Ave Maria“ singt? Und wer ist das süße Wesen, das sich momentan voll mit ihren kleinen Händen an ihren Rockschoß klammert, mit ihren großen blauen Augen zu ihr aufschaut und immer wieder voll Begeisterung nur zwei Worte hervorbringt: „Mein Papa, mein Papa.“

Tatjana möchte schreien, sie möchte weinen, doch alles in ihr scheint wie gelähmt. Wie fest gewurzelt bleibt sie auf der Stelle stehen. Keine Träne fließt aus ihren opalgrünen Augen, kein Laut entschlüpft ihrem halboffenen Mund. Dann ist wie im Traum aus einer Märchenwelt alles vorbei.

Fabian Bauer bekommt selbstverständlich eine stehende Ovation nach der anderen. Der tosende Beifall, das Händeklatschen, die Begeisterungsrufe, das Alles will kein Ende nehmen. Es sieht fast so aus, als hätte er plötzlich in dem Menschengewimmel nicht nur Tatjana, sondern auch sein Töchterlein Stefanie entdeckt. Fabian möchte auf die Beiden zugehen und es ist kaum zu glauben, wie ehrerbietig sich die Menschenmenge vor ihm in zwei Hälften teilt um ihm den Durchlass zu Tatjana und natürlich seiner Tochter zu gewähren.

‚Lieber Gott, lass mich bitte nicht in Ohnmacht fallen, bitte lieber Gott, hilf mir'. Sie hat ihre Gedanken nicht Mal zu Ende gedacht, schon steht er vor ihr, sie aus seinen stahlblauen Augen anstrahlend.

„Ein frohes und gesegnetes Weihnachtsfest, dir liebe Tatjana und auch deiner Familie, ganz besonders deiner lieben Mutter. Und nun zu dir mein kleiner Schatz", dabei bückt er sich und hebt die kleine Stefanie beidarmig in die Höhe, als wenn sie ein Spielball wäre:

„Eigentlich hatte ich mir Weihnachten hier in Kanada ganz anders vorgestellt, doch du mein kleiner Schatz hast mir heute etwas gegeben, was mir nie mehr jemand wegnehmen kann."

„Und du uns aber auch, Papa".

„Stefanie, bevor du noch irgendetwas sagen möchtest, denke ich, dass es an der Zeit ist, dass wir beide gemeinsam deiner ‚Tante Tatjana‘ eine Aufklärung schuldig sind. Damit bist du doch auch einverstanden, stimmt's?“

„Ja Papa, ich weiß wirklich nicht wie ich es fertiggebracht habe, das alles so lange für mich zu behalten. Aber jetzt ‚Tante Tatjana‘, muss ich dir so viel erzählen, dass du es nicht alles an einem Tag und besonders heute am Weihnachtstag, verkraften kannst. Aber mein Papa wird mir bestimmt dabei helfen.“

Während Fabian, Tatjana und die kleine Stefanie noch eng beieinander stehen, haben die meisten Besucher und Gäste bereits die ‚Unterkirche‘ verlassen, um sich eine Treppe höher zu begeben. Dort wird in wenigen Minuten der Weihnachtsfestgottesdienst beginnen und diesmal in einer ungeahnten Feierlichkeit. Zum ersten Mal werden nämlich die beiden Pastöre Herman Winkler und Peter Weiler das ‚Hochamt‘ gemeinsam mit allen Kirchgängern zelebrieren.

Nur Tatjanas ‚Mom‘ Elisabeth, die Spuren ihrer Tränen im Gesicht hat sie nur schlecht verwischt, steht plötzlich hinter ihnen.

„Bitte nehmt es mir nicht übel, aber ich habe vor einigen Minuten mit meinem alten Ebenthaler Freund Heribert Rauch gesprochen. Er und ich, wir kennen uns schon aus der Kinderzeit. Dabei wollte ich eigentlich nur von ihm wissen, warum sie, Fabian, als ein Bauer aus

Ebenthal so eine schöne Stimme haben. Ihr liebes Töchterlein Stefanie scheint diese ja auch von ihnen geerbt zu haben. Heribert hat laut aufgelacht und mir dabei nur gesagt, dass sie Fabian, alles andere aber wirklich nichts mit einem Bauernhof zu tun hätten. ‚Vielleicht solltest du ihn doch mal selber fragen,' hat er mir als letzte Antwort mitgegeben.

Doch jetzt wünsche ich ihnen und ihrem süßen Töchterlein von ganzem Herzen erst einmal ein schönes und frohes Weihnachtsfest und nach dem Gottesdienst sind sie natürlich herzlich bei uns zum Mittagessen eingeladen."

Inzwischen hat sich auch Tatjanas Bruder John Sr. zu der Gruppe gesellt und wirft seiner Mutter und danach auch Tatjana fragende Blicke zu, bevor er seine Augen auf Fabian richtet und dabei eigentlich recht schelmisch lacht:

„Herr Fabian, zuerst einmal frohe Weihnachten, doch was wir alle heute hier erleben konnten, wird sich wohl niemals aus unserem Gedächtnis verwischen lassen, es war einfach zu überwältigend. Wenn ich ehrlich sein soll, muss ich gestehen, dass ich ihnen danken möchte, hier mit ihnen zusammenzustehen und mit ihnen plaudern zu können.

Der, als den meine Mutter sie mir gestern kurz beschrieben hat, sind sie sicherlich nicht, aber wenn sie uns die Ehre geben, das Festessen heute Mittag mit uns zu teilen, werden sie nicht umhin können, meiner

Mutter über sich und auch ihr Leben zu erzählen.

Wir alle, damit meine ich meine beiden Schwestern und auch mich, kennen die meisten der Tricks, die unsere Mutter aus ihrer Kiste hervorzaubern kann, bis sie erfahren hat, was sie gerne wissen möchte."

Es ist nun Fabians Seite, die John Sr. unverfänglich anlacht:

„Mein Töchterlein Stefanie und auch ich hatten bereits sowieso auf unserem Plan, alles das aufzuklären, was bei unserer Ankunft nur durch eine einfache Namensverwechselung entstanden ist."

Nach diesen Worten begeben sich alle Mitglieder der Familie König als auch Fabian und seine Tochter Stefanie nach oben um in der weihnachtlich geschmückten Kirche dem Festgottesdienst beizuwohnen.

Die weit über hundert Jahre alte, im gotischen Baustil erbaute Kirche ist durch ihre Akustik weit über die Grenzen des Kreisgebietes von Kitchener – Waterloo bekannt. Doch als jetzt die beiden Chöre mit ihren hundert Sängern und Sängerinnen ihre Stimmen erschallen lassen, rieselt es manchem der zahlreichen Kirchenbesucher abwechselnd heiß und kalt über die Haut.

Alle Begebenheiten und schöne Momente im Leben gehen irgendwann Mal zu Ende. Nach dem feierlichen Segen durch Pfarrer Herman Winkler ist der

Weihnachtsgottesdienst beendet. Die Schlusshymne, das ‚Adeste Fidelis' bringt alles vorhin im Gottesdienst Erlebte noch einmal zu einem würdigen Höhepunkt und gleichzeitigen Abschluss.

Aber was für einen Höhepunkt, denn Fabian Bauer stimmt mit seiner Tenorstimme das Lied an. Als Solist mit seiner klangvollen Stimme, wie sie bis vor dem Tode seiner geliebten Frau, Millionen von Menschen in aller Welt begeistert hat, singt er die erste Strophe. Danach stimmen die beiden Chöre mit ein. Als dann die letzte Strophe von allen Kirchenbesuchern, Chören sowie Gästen, allen voran Fabian Bauer, gemeinsam gesungen wird, werden im wahrsten Sinne des Wortes die Grundmauern und bunten Glasfenster des ehrwürdigen Gotteshauses erschüttert.

Inzwischen ist es fast ein Uhr nachmittags geworden. Die meisten der nun nach Hause eilenden Menschen wünschen sich nochmals frohe Festtage, schütteln sich gegenseitig die Hände, manche lassen auch ihren Tränen freien Lauf, bevor man auseinander geht, um daheim im Kreise der Familie die frohen Weihnachtsfeierlichkeiten fortzusetzen.

Wie vorauszusehen wird Fabian Bauer beim Verlassen der Kirche von einer großen Menschenmenge umringt, doch die gute ältere Dame mit dem schönen Namen ‚Elisabeth' hat ihn an die Hand genommen und schafft es auch tatsächlich ihn hinter sich herziehend, Tatjanas Auto zu erreichen. Tatjana sitzt bereits hinter dem Steuerrad während die kleine Stefanie auf dem Rücksitz schon sehnsüchtig auf ihren ‚Papa‘ wartet.

Während Stefanie aufgeregt hin und her zappelt, wagt Tatjana nicht mal ihren Kopf in die Richtung der beiden Ankömmlinge zu drehen. Immer noch rollen Tränenströme über ihr hübsches Gesicht. Sichtlich scheint sie das Erlebte der letzten Stunden noch nicht fassen zu können, geschweige denn verkraftet zu haben.

Endlich, langsam und fast behutsam, bedingt auch durch die winterlichen Straßenverhältnisse, bewegt sich nun die Autokarawane mit Tatjana an der Spitze, gefolgt von Bruder John und ihrer Schwester Angelika in Richtung Stanley Park zum Hause der Königs.

Für die gesamte Familie wird als es eine große Ehre angesehen, Fabian Bauer und sein Töchterlein Stefanie heute als spezielle Gäste bewirten zu dürfen. Deshalb sind auch die beiden Plätze in der Mitte des Tisches für sie bestimmt.

Obwohl inzwischen nicht nur die Kinder, sondern auch alle Erwachsenen untereinander und auch unerklärlicherweise, wie es sich herausstellt, reichlich beschenkt wurden, herrscht im Haus eine fast unnatürliche Stille. Schüchternheit, Zurückhaltung, Unwissen oder einfach nur Respekt scheinen die natürlichen Gründe hierfür zu sein. Erst nach dem Abräumen des Tischgeschirrs erhebt sich Fabian, dabei jedem der um den Tisch sitzenden Personen einen freundlichen und zugleich dankbaren Blick zuzuwerfen.

Selbst in seinem Gesicht lassen sich in diesem Augenblick Anzeichen von Rührung ablesen.

Kaum hat er den ersten Dankessatz über seine Lippen gebracht als total unvorhergesehen sein immer eingeschaltetes ‚Handy‘ in seiner Tasche vibriert und gleichzeitig ein rotes Licht aufleuchten lässt. Jeder seiner engsten Mitarbeiter weiß, dass man Fabian Bauer nur im absoluten Notfall anrufen darf und jeder seiner Vertrauten hält sich auch strikt daran und es wird fast wie ein ungeschriebenes Gesetz respektiert.

Irritiert hebt Fabian seine rechte Hand, entschuldigt sich mit einigen Worten und verlässt die Tischrunde um durch die vor ihm liegende Türe in den Nebenraum zu gelangen.

Das für ihn eingegangene Gespräch dauert tatsächlich nur wenige Minuten, bevor er kreidebleich in das große Esszimmer zurückkehrt.

„Es hat keinen Zweck euch irgendetwas zu verschweigen, ich bin Fabian Bauer, Haupteigentümer der ‚Transatlantic Global Airlines‘. Vor einigen Stunden, also heute am Weihnachtstag, ist einer meiner Airliner auf dem planmäßigen Flug von Amsterdam nach Peru im Landeanflug auf Lima abgestürzt. Mehr weiß ich momentan auch nicht. Ich werde in etwa zwanzig Minuten von einem Helikopter hier abgeholt, um mich unverzüglich mit der „Kärnten“ auf den Flug nach Lima begeben, damit ich dort die Rettungsarbeiten leiten und koordinieren kann.

Elisabeth und Tatjana, darf ich euch von ganzem Herzen bitten, auf mein Kind aufzupassen, bis ich in einigen Tagen hoffentlich wieder zurück sein werde. Stefanie, mein kleiner Schatz, du brauchst dir keine Sorgen zu machen. Ich verspreche dir, in kürzester Zeit werde ich wieder gesund und munter bei dir sein."

Sicherlich hat das Kind, seine kleine Stefanie, noch nicht die volle Tragweite dessen, was ihr Vater vorhin gesagt hat, mitbekommen. Doch jetzt steht sie verängstigt vor Tatjana, die ihre Hände schützend auf die Schultern des Kindes gelegt hat und lässt ihren Tränen freien Lauf.

Mutter Elisabeth und ihre Tochter Tatjana versuchen mit vorgetäuschter Disziplin ihre eigenen zurückzuhalten, aber es bleibt halt nur ein Versuch.

Wenige Minuten später heulen die Sirenen der Polizeiautos und bleiben in etwa fünfzig Metern Abstand voneinander auf der Straße vor dem Haus stehen. Fabian schreitet schnellen Schrittes auf Tatjana zu und ohne den geringsten Widerstand ihrerseits drückt er ihr einen zärtlichen Kuss auf ihre Wange. Dann bückt er sich, hebt sein Ein- und Alles, seine kleine Stefanie, zu sich auf seine Augenhöhe.

„Stefanie, wenn ich jetzt gleich weg bin, kannst du ‚Tante Tatjana' und auch deiner ‚Omi Elisabeth' alles über dich und mich erzählen, alles das was ich eigentlich heute Nachmittag tun wollte. Du brauchst nichts wegzulassen aber auch nichts zu beschönigen. Nur das eine, du weißt sicherlich was ich meine, was du mir als dein großes Geheimnis anvertraut hast, behältst du noch für dich.' Großes Ehrenwort'."

Noch einmal drückt er das zierliche Kind an seine Brust und küsst liebevoll ihr blassgewordenes Gesicht.

Nur einen Moment später hört man schon das Motorengeräusch und die Flügelschläge der Rotorblätter. Sanft setzt sich der Helikopter für eine kurze Zeit auf die abgesperrte Straße. Mit geschmeidigen Schritten springt Fabian hinein und genau so schnell wie der Spuk gekommen ist, verschwindet er auch wieder, etliche total verwunderte Menschen zurücklassend.

Kapitel 16: Ein verhängnisvoller Flug

Es ist fast auf die Minute genau fünf Uhr morgens als Flugkapitän Hans-Peter Moser und sein ‚Erster Offizier' Bernie Uhrigshardt durch die weitgeöffnete Türe das Cockpit des Airliners 777-200 ER, der den stolzen Namen „Empress of Scotland" trägt, betreten.

Obwohl heute der erste Weihnachtsfeiertag ist, lässt sich in den Gesichtern der beiden erfahrenen Piloten eigentlich nicht die geringste Spur von Unzufriedenheit ablesen. Jedenfalls lassen beide keine irgendwelche Emotionen durchblicken. Immerhin sind sie Familienväter und würden sicherlich lieber die Weihnachtsfeiertage zu Hause mit ihren Familien verbringen, als nun einen immerhin dreizehnstündigen Flug von Amsterdam nach Lima in Peru zu pilotieren.

Inzwischen ist auch bereits ein zweites Pilotenpaar an Bord gekommen und wird sie in der zweiten Hälfte ihres langen Fluges ablösen. Doch egal ob sie im Cockpit oder sich in den bequemen Sitzen der ‚Business-Class' ausruhen, die Weihnachtstage sind für sie verloren, das ist nun mal ein unumgänglicher Fakt.

Die Uhr ist inzwischen um eine Stunde vorgerückt. Kapitän Hans-Peter Moser und sein Co-Pilot Bernie Uhrigshardt lassen zum letzten Mal anhand ihrer Checklisten ihre wachsamen Augen über das Instrumentenpanel vor ihnen gleiten, als sie von der Bodenkontrolle des ‚Schiphol-Airports' in Amsterdam die Rollerlaubnis über den ihnen angegebenen Rollweg zur Startbahn erhalten.

Die ihnen gleichzeitig mitgeteilte Startnummer ist die Startposition Nummer 3. Das heißt, dass sich Flug Nr. 343, also die ‚Empress of Scotland‘ in wenigen Minuten auf ihren rund dreizehnstündigen Flug zum ‚Jorge Chavez‘ Airport in Lima, Peru in die Lüfte heben wird.

Nach relativ kurzer Zeit hat der mit vollgefüllten Treibstofftanks und zweihundertneunundzwanzig Passagieren seine vorgeschriebene Reisehöhe von 14.000 Metern erreicht und mit einem Kompasskurs von 256° seine vorgesehene Route in Richtung Südamerika angestrebt.

Nachdem sie die Südspitze Englands überflogen haben und sich nun routinemäßig über dem atlantischen Ozean befinden, schaltet Hans-Peter Moser den Autopilot ein, aber erst nachdem die beiden routinierten Piloten nochmals alle wichtigen Flugdaten und Instrumente manuell überprüft haben. Der Autopilot wird von jetzt an den riesigen Airliner ohne Fremdeingriffe auf dem vorgegebenen Kompasskurs von 256° über den Atlantik steuern.

Da auch die Wettervorhersage keine besonderen Vorkommnisse anzeigt, steht dem Flugpersonal als auch den Passagieren ein eigentlich recht angenehmer Flug bevor. Doch ein fast dreizehnstündiger ‚Non-Stopp‘ Flug hinterlässt seine Stressspuren und das nicht nur beim Flugpersonal, sondern auch bei den Passagieren.

Während der ersten Hälfte des Fluges verläuft zwar in

den Kabinen der ‚Business‘- als auch in der ‚Economy-Class‘ alles angenehm und ruhig. Viele der Passagiere haben sich in den Lesestoff ihrer mitgebrachten Lektüre oder den von den Flugbegleitern ausgeteilten Magazinen und Zeitschriften vertieft. Der Großteil der Passagiere versucht mit Ausruhen oder sogar mit Schlafen einen Teil der langen Flugzeit zu überbrücken.

Stunde um Stunde nähert sich die Boeing 777, in ihren Tragflächen über 100.000 Liter Treibstoff und den darunter hängenden zwei mächtigen Rolls & Royce Triebwerken mit je 76.000 Pounds Schubkraft, dem südamerikanischen Kontinent.

Die Reisegeschwindigkeit beträgt auf der bisher abgeflogenen Strecke rund 850km per Stunde, ein guter Durchschnittswert, der auf jeden Fall auch den außergewöhnlich günstigen Wetterbedingungen zuzuschreiben ist. Schließlich können auf dieser Route und besonders zu dieser Jahreszeit aufkommende Stürme Piloten und Flugzeugen alles abverlangen.

Walter Schmidt, ein großer, kräftiger Mann in den vierziger Jahren, schaut aufgeregt von seinem Fensterplatz in die über 10.000 Meter unter ihm liegende Dunkelheit. Als wenn er es geahnt hätte, erspäht er plötzlich unter sich Licht. Das bedeutet, dass der Airliner die Atlantiküberquerung hinter sich hat und wie er an den Lichtern unter sich erkennen kann, die Küste Venezuelas überfliegt. Wie von einem bösen Traum erlöst, atmet er erleichtert auf.

Obwohl er bereits zwei Kurse in Bezug auf Flugangst in den letzten drei Jahren, den letzten sogar erfolgreich, absolviert hat, kann er seine Emotionen diesbezüglich noch immer nicht total unter Kontrolle bekommen. So auch heute, wo er sich doch auf dem Weg nach Lima befindet um dort seine bereits vor zehn Jahren vom ihm geschiedene Frau, eine gebürtige Peruanerin und seine beiden Kinder zu besuchen.

Sein Sohn Jonathan ist inzwischen fünfzehn Jahre alt und seine Tochter Natascha hat auch erst vor kurzem ihr zwölftes Lebensjahr vollendet. In den ersten fünf Jahren nach der Scheidung hatte man ihm nicht mal das Recht gewährt, seine Kinder zu sehen. Doch die Zeit heilt viele Wunden und so hat sich sein Verhältnis zu seiner Exfrau Magdalena und den beiden Kindern zusehends gebessert. Deshalb sitzt er momentan hier in diesem Flieger, zwar immer noch mit einer gewissen Flugangst, aber er wird in wenigen Stunden mit seiner Exfrau und den beiden Kindern zum ersten Mal nach zehn harten und einsamen Jahren gemeinsam das Weihnachtsfest feiern.

Etwa ein Dutzend Reihen vor ihm sitzt ein randalierender Fluggast, wie er ebenfalls in mittlerem Alter, der dem ihm anscheinend zu oft angebotenen Alkohol zu viel zugesprochen hat. Jetzt gerade lamentiert er lautstark mit einem männlichen Flugbegleiter, den die Stewardess zu ihrer Verstärkung herbeigerufen hat. Er will wissen, warum man immer noch nicht Lima erreicht habe und wenn der Flieger weiterhin so langsam vorwärts käme, müsste man sich wohl darauf einrichten, womöglich die gesamte kommende Nacht im Flugzeug zu verbringen.

Wie Recht er damit behalten sollte, konnte zu diesem Zeitpunkt aber weder er noch irgendeine andere sich im Flugzeug befindliche Person auch nur ahnen.

Vorne in der ‚Economy-Class' und zwar direkt hinter dem ‚Bulk-Head' bemüht sich eine junge Frau, eine so bequem wie mögliche Sitzposition einzunehmen. Immerhin ist sie hochschwanger und ihr Hausarzt in Deutschland hatte ihr unbedingt von der Reise in ihr Heimatland Peru abgeraten. Doch ihr Wunsch, dass ihr Kind wie sie in Peru geboren würde, war einfach zu überwältigend, obwohl sie die weite und für sie auch äußerst beschwerliche Reise ohne ihren Ehemann unternehmen musste. Dieser war nämlich erst vor wenigen Tagen an einem komplizierten Beinbruch operiert worden und steht erst am Anfang seiner Genesungsperiode.

Inzwischen hat die ‚Empress of Scotland' Venezuela als auch Kolumbien überflogen und befindet sich bereits im peruanischen Lufthoheitsgebiet. Die noch verbleibende Flugzeit ist inzwischen unter eine Stunde gesunken. Flugkapitän Martin Becker, der schon vor einiger Zeit seinen Kollegen Hans-Peter Moser abgelöst hat, beginnt bereits den Sinkflug, in dem er den Airliner so quasi pro Minute um 1000 Fuß (rund 330 Meter) Höhe absteigen lässt.

Die Leuchtschrift über den Sitzplätzen zeigt den

Passagieren bereits an, dass die Zeit zum Anschnallen gekommen ist und man in etwa 30 Minuten auf dem ‚Jorge Chavez' International Airport landen wird.

Im Cockpit des riesigen Airliners haben die beiden Piloten alle Hände voll zu tun. Für einen Außenseiter sieht das alles irgendwie vorprogrammiert aus, weil jeder Handgriff, ja jede Handbewegung der Beiden fast roboterartig wirkt.

Da der Passagierjet bereits in die Kontrollzone Limas eingeflogen ist, hat die zuständige Luftraumkontrolle bereits den Anflug von ‚Transatlantic Global Flight 343' aus Amsterdam bestätigt und dabei auch alle wichtigen Daten wie Anflugweg, Landebahn, Windrichtung, Windstärke und alle anderen wichtigen Airport Daten an die Piloten von ‚Flug 343' übermittelt, um eine sichere Landung zu gewährleisten.

Im Passagierraum des Airliners ist es fast unnatürlich still geworden. Mehrere Male müssen die Flugbegleiter jedoch einzelne Passiere bitten, ihre Plätze einzunehmen oder die vor ihnen heruntergelassenen Tische hochzuklappen und vor allen Dingen ihrer Anschnallpflicht nachzukommen.

Danach nehmen auch sie ihre vorgeschriebenen Plätze auf den Notsitzen unter den mit ‚EXIT' bezeichneten Ausgängen ein.

Im Cockpit treffen Kapitän Martin Becker und sein Co-Pilot Frank Kremer die letzten Vorbereitungen zur Landung als sie von der linken Flügelseite her durch einen gedämpften Schlag ruckartig durcheinander geschüttelt werden. Im Anschluss daran verliert das linke Triebwerk seine Schubkraft, verlangsamt mit ungeheurer Schnelligkeit seine Umdrehungen bis es zum vollständigen Stillstand kommt.

Bevor sich aber der Riesenjet durch den Schubkraftverlust des linken Triebwerkes und mit der vollen Kraft des rechten Antriebs in eine Linksdrehung begeben kann, hat sich bereits automatisch das Ram Air Turbine System (RAT) eingeschaltet und verleiht der Boeing 777 durch das vorbeifließende Luftstromsystem eine gewisse hydraulische Steuerfähigkeit und auch einen Teil der erforderlichen elektronischen Hilfsstellung.

Flugkapitän Hans-Peter Moser und sein 'Erster Offizier' Bernie Uhrigshardt sind inzwischen in Windeseile ins Cockpit gestürmt, um ihren Kollegen Hilfestellung zu leisten. Der Airliner hat inzwischen einige Tausend Meter an Höhe verloren und Kapitän Martin Becker hat nun auch die Schubkraft des rechten Triebwerkes so weit gedrosselt, dass das Riesenflugzeug zwar momentan durch das automatische Einschalten des Ram Air Tur-bine System noch steuer- und mit absoluter Mindestgeschwindigkeit auch gleitfähig bleibt.

Man überfliegt gerade die Südspitze des Junin-Sees, als auch das rechte Triebwerk durch herunterfallende Drehzahlen seinen Ausfall bekannt gibt.

Hans-Peter Moser ist inzwischen mit dem Kontrollturm

in Lima in Kontakt. Fast lakonisch klingen seine Worte: „Transatlantic Global Flight 343 we‘re going down.“ Danach übermittelt er dem Kontroller der Kontrollzone Lima die genauen Positionskoordinaten, Anzahl der Personen an Bord. Er will gerade weitersprechen , doch das in diesem Moment harte Aufsetzen des Airliners mit rund 250 km/h auf das glücklicherweise zum größten Teil nur mit hohem Gras bewachsenen Gelände reißt ihm das Mikrofon aus der Hand und wirbelt ihn mit gewaltiger Kraft gegen die Rückenlehne des Co-Piloten Sitzes.

Obwohl durch die üppige Vegetation teilweise abgedämpft und auch abgebremst, schießt das Flugzeug mit noch immer hoher Geschwindigkeit vorwärts. Ein in seinem Gleitpfad liegender Felsbrocken reist das rechte Triebwerk ab und schleudert es wie von einer Riesenhand geworfen, weit in die buschige Landschaft. Der Airliner schlingert und schleudert, einen Kilometer langen Pfad der Verwüstung hinter sich herziehend.

Bevor er sich endlich am Dschungelrand auffängt, vollzieht er eine Drehung nach rechts, rasiert dabei noch einige Bäume ab, um danach endlich zum Stillstand zu kommen. Nicht jedoch bevor er fast in der Kabinenmitte in zwei Teile auseinanderbricht.

Das Gestöhne und Geschreie der Verletzten und zum Teil Schwerverletzten ist bis weit in die Umgebung zu hören. Glücklicherweise liegt der nächstgrößere Ort Junin nur etwa achthundert Meter von der Absturzstelle entfernt und innerhalb der nächsten Stunde haben sich unzählige Helfer durch das teilweise schwer begehbare Gelände zum Unfallort durchgekämpft. Die Hilfstruppen der örtlichen Feuerwehr kommen nur äußerst mühsam mit ihren überalterten Bergungsgeräten, manche sogar überhaupt nicht, voran. Es grenzt schon fast an ein Wunder, dass alle bisher aufgefundenen Personen irgendwelche Lebenszeichen von sich geben.

Aus Lima anrückende Hilfstruppen erreichen gegen Abend die Kleinstadt Junin. Ohne weitere Verzögerung beginnen sie unverzüglich mit der Bergung der sich noch im Flugzeugrumpf befindlichen Passagiere.

Die Beleuchtung der Unglücksstelle stellt sich inzwischen als total unzureichend heraus. Auch der Weg zwischen den Rettungsfahrzeugen, des Ortes mit dem Krankenhaus in Junin und der Unfallstelle sind stellenweise in totale Dunkelheit gehüllt. Deshalb beschließen die verantwortlichen Hilfstruppenführer die Unfallstelle über Nacht nur soweit abzusichern, dass die sich noch im Flugzeugrumpf befindlichen nicht lebensgefährlich Verletzten zwar über Nacht die bestmögliche ärztliche Betreuung erfahren, aber man erst bei Tagesanbruch die Rettungsarbeiten fortsetzen will.

Kapitel 17: Nach dem Absturz

Nur rund fünfundzwanzig Minuten später nachdem der Robertson Helikopter R44 mit Fabian Bauer an Bord die Stadt Kitchener verlassen hat, landet er etwa zwanzig Meter entfernt von dem Airbus A319-100, der „Kärnten", auf einer Grasfläche gleich neben dem ‚Taxiway' auf dem ‚Internationalen Airport' in Toronto.

Fabian Bauer, nur mit seiner Reisetasche als einzigem Gepäckstück, eilt hastig die ausgefahrene Treppe hoch geradewegs durch die offenstehende Türe der „Kärnten" ins Flugzeuginnere. Flugkapitän Hans-Werner Zimmermann erwartet ihn schon, während Co-Pilot Jens Steigenberger bereits im Pilotensitz Platz genommen und alle Vorbereitungen zum sofortigen Abflug getroffen hat. Tanks und auch die extra eingebauten Reservetanks sind für die über sechstausend Kilometer lange und rund achtstündige Reise nach Lima bis zur Kapazitätsgrenze gefüllt.

Die vorgesehene Route wird sie von Toronto aus östlich über Kanada und einen Teil der USA und von da aus über Kuba geradewegs nach Süden führen. Ihre Abflugzeit ist auf drei Uhr nachmittags festgelegt, weshalb die von Co-Pilot Jens Steigenberger errechnete Ankunftszeit (ETA) in Lima auf elf Uhr in der Nacht vorherberechnet ist.

Glücklicherweise hatte Fabian Bauer den beiden unverheirateten Piloten eine Woche kostenlosen Weihnachtsurlaub in Kanada angeboten, was ihm jetzt zugutekommt. Zusätzlich hatte er ja vor der Abreise außer dem Einbau der Zusatztanks auch eine Sitzplatzveränderung vornehmen lassen und zwischen den Zusatztanks und der letzten Sitzreihe zwei voll ausgerüstete Notarztkabinen einschieben lassen, die er der zwar nur in Katastrophenfällen benutzten Hospitalumrüstung des Airliners vorsorglicher Weise entnommen hat.

Doch jetzt sitzen die drei Männer, mehr oder weniger nervös und aufgeregt im Cockpit des A319 Airbusses und warten gespannt auf die ihnen versprochene vorgezogene Starterlaubnis. Obwohl es nur wenige Minuten dauert, bis sie vom Kontrollturm auf die Startnummer ‚Eins' vorgeschoben werden, erscheint es allen dreien wie eine kleine Ewigkeit.

Endlich sind sie in der Luft und in kürzester Zeit haben sie die ihnen vorgeschriebene Flughöhe von 12.500 Metern erreicht. Erst in östlicher Richtung, doch dann nach rund zweihundert Kilometern führt sie ihre Reise Route geradewegs nach Süden.

Fabian nutzt die Zeit, um etliche Anrufe zu tätigen. Er möchte nicht nur den bereits vorliegenden, wenn möglich detaillierten Sachverhalt sondern auch die Unfallursache, soweit sie bereits bekannt ist, wissen.

Obwohl unter den 218 Passagieren und 11 Flugbegleitern glücklicherweise bis zur Stunde kein Todesfall zu vermelden ist, sind trotzdem nur einige wenige Passagiere unverletzt davongekommen.

Noch bevor Fabian aus Lima mit weiteren Nachrichten versorgt wird, betätigt er einen Anruf, der ihm sehr am Herzen liegt. Immer wieder versucht er ohne Unterlass einen seiner guten Freunde in Deutschland, nämlich den als äußerst fähigen und tüchtig bekannten Mediziner Dr. Fritz Eiche zu erreichen. Doch dieses Unterfangen erweist sich als äußerst schwierig, denn bisher blieben alle seine Versuche, den Arzt telefonisch aufzutreiben, erfolglos. Fabian ist sich dieser Schwierigkeit bewusst. Immerhin ist es Weihnachten und niemand der bisher Erreichten hat auch nur die geringste Vorstellung, wo sich der alleinstehende Arzt momentan aufhält.

Doch so leicht gibt sich ein Fabian Bauer nicht geschlagen. Während des Abwägens aller noch nicht ausgeschöpften Möglichkeiten, fällt es ihm wie Schuppen von den Augen. Er erinnert sich, dass Fritz Eiche während der letzten fünf oder sechs Jahre zwischen Weihnachten und Neujahr immer in seinem als Ruhesitz erworbenen alten Bauernhaus, einem sogenannten ‚Stöckli' im Emmental in der Schweiz verbracht hat. Also ein letzter Versuch; auf Anhieb erreicht er den hervorragenden Diagnostiker und Chirurgen schließlich auch da, wo er ihn vermutet hat.

In wenigen Sätzen erläutert er seinem Freund die dramatische Situation und bittet ihn, sich auf schnellstem Weg nach Peru zu begeben. Nach dessen sofortiger Zusage fällt Fabian ein Stein vom Herzen, den Umständen entsprechend zwar nur ein kleiner aber er weiß, dass er sich auf seinen Freund, den erfahrenen ehemaligen Militärarzt 100 prozentig verlassen kann. Dr. Eiche will jeden Schweizer Flughafen, egal ob Bern, Genf oder Zürich unverzüglich ausschecken und will dabei auch keine Kosten scheuen, um sich schleunigst auf den Weg zur Absturzstelle in der Nähe von Lima zu begeben.

Inzwischen ist es Nacht geworden und die „Kärnten" fliegt mit absoluter Höchstgeschwindigkeit schnurgerade über den kubanischen Luftraum und erreicht dann schließlich den südamerikanischen Kontinent. Von hier führt sie die restliche Flugstrecke über Kolumbien und Ecuador nach Lima in Peru.

Kapitän Hans-Werner Zimmermann hat inzwischen den Co-Piloten Jens Steigenberger im Pilotensitz abgelöst und fliegt den Airbus A319 im direkten Landeanflug auf die Landebahn 15, wo er nach einen sanften Landung um 22.04 Uhr peruanischer Zeit den Airliner zum Ausrollen und danach zum endgültigen Stopp bringt.

Das Zurückrollen über die Taxi Wege zum Flughafengebäude wird ihnen erspart, da ein ‚Bell Jet-Ranger' pilotiert vom stellvertretenden Stationsmanager der ‚Transatlantic Global Airlines' in Lima neben dem inzwischen zum Stillstand gekommenen Airbus auf einer Grasnarbe landet. Während sich die Türe öffnet und die Ausstiegstreppe heruntergelassen wird, winkt Marcus Dallmeier, stellvertretender Stationsmanager und zugleich auch der Helikopter-Pilot, Fabian Bauer mit beiden Armen zu.

Dieser rennt nun so schnell es seine Füße zulassen, auf den Hubschrauber zu, der sich innerhalb der nächsten fünf Minuten in die Lüfte schraubt. Vermischt mit dem Motorengeräusch und dem lauten Schlagen der Rotorblätter fliegt der Hubschrauber in die Richtung der Unfallstelle.

Kapitel 18: Tatjana und Stefanie

Eine unnatürliche Stille im Haus der Königs in Kitchener hat das fröhliche Weihnachtstreiben abgelöst. Stefanie ist seit dem Verlassen ihres Vaters nicht von Tatjanas Seite gewichen. Immer wieder ergreift sie deren Dirndlrock um dabei gleichzeitig zu ihrer heißgeliebten und von ihr so verehrten ‚Tante' aufzuschauen. Doch das einzige, was sie dort erspäht, ist die unsägliche Traurigkeit, die aus dem hübschen Gesicht zu ihr hinunterschaut.

Alle noch im Haus Anwesenden verharren schockartig in ihren Plätzen. Sie hängen mit ihren Blicken an dem flimmernden Fernsehgerät, welches immer wieder in den neuesten Nachrichten die Absturzstelle der ‚Empress of Scotland' in der Nähe von Lima/Peru zeigt, als könnten sie sich davon eine Lösung erhoffen.

Inzwischen ist die Wanduhr in der Küche auf fast zehn Uhr abends vorgerückt als einem Kommando gleich, Elisabeths Gäste, nämlich ihre Kinder und Enkelkinder, aufbrechen um sich nach Hause zu begeben.

Auch Tatjana und ihr liebes Anhängsel Stefanie verabschieden sich von ‚Omi' Elisabeth mit einem ‚Gute Nacht' Kuss. Nachdem Tatjana sich und das Mädchen für die Nachtruhe vorbereitet hat, begeben sich beide in ihr gemeinsames Nachtquartier. Als wäre es so abgesprochen, knien sie sich vor dem an der Wand hängenden Kreuz nieder, um gemeinsam für das Schicksal des Mannes zu beten, der für jeden von ihnen so viel bedeutet und den sie, jeder auf seine Art lieben.

Während Stefanie aus ihrer Übermüdung heraus und auch wegen der unvorhergesehenen Anstrengung in wenigen Minuten tief und fest eingeschlafen ist, liegt Tatjana noch einige Stunden hellwach in ihrem Bett. ‚Lieber Gott, ich weiß es nicht, ja ich kann es nicht mal ahnen, warum du das kleine süße Etwas neben mir und mich einer solchen harten Prüfung unterwirfst. Was auch immer dein Vorhaben mit mir ist, eines weiß ich hundertprozentig, ich werde dir wie bisher weiter dienen, auch wenn ich mein Gelübde gebrochen habe. Nur du weißt und kannst verstehen, wie groß und mächtig meine Liebe zu ihm ist und ich sie nicht allein überwinden kann. Bitte, bitte lass ihn heil und gesund zu Stefanie und mir zurückkehren‘!

Danach übermannt auch sie der Schlaf. Sie wird erst wieder schweißgebadet wach, als sie die kleine Stefanie neben ihrem Bett stehend, aufweckt:

„Tante Tatjana du brauchst keine Angst zu haben, ich weiß, dass mein Papa wiederkommt. Und er wird immer für uns da sein, für dich und für mich. Seit ich euch gestern Nachmittag erzählt habe, wer mein Papa und ich sind und dass mein Papa so ein reicher Mann ist, habe ich bemerkt, dass ich dich furchtbar erschreckt habe. Das wollte ich nicht und mein Papa auch nicht. Es hat ihm aber so viel Spaß gemacht und ich habe meinen Papa selten so lachen sehen, als er gemerkt hat, dass ‚Omi‘ geglaubt hat, wir hätten einen Bauernhof.

Eigentlich ist ja alles meine Schuld, weil ich euch immer vom ‚Bauer Haus' erzählt habe. Ich habe aber wirklich nicht gewusst, dass ihr alle Papas Vornamen mit seinem Nachnamen verwechselt habt. Bist du mir jetzt sehr böse?"

„Nein, Stefanie, dafür habe ich dich in der kurzen Zeit viel zu lieb gewonnen. Es ängstigt mich nur, dass dein Vater so ein großer und reicher Mann ist! Bei seinem Aussehen und seinem Reichtum laufen ihm doch sicherlich die schönsten Frauen nur so hinterher. Wir, meine ‚Mom', meine Geschwister und ich sind doch nur einfache, gewöhnliche Leute".

„Ma..., Tante Tatjana und weshalb hast du dann Angst?"

Tatjana hat sich inzwischen aus ihrem Bett erhoben, sitzt auf der Bettkante und starrt mit hochrotem Gesicht die ihr gegenüberliegende Wand an:

„Stefanie, aus einem Grund, den ich dir nicht so einfach erklären kann, hatte und habe ich mein Leben dem lieben Gott gewidmet und jetzt ist etwas passiert, was ich wirklich nicht wollte. Darum habe ich so große Angst, dass dein Papa vielleicht nur mit mir spielt."

Das kleine Mädchen steht jetzt aufgebracht und sichtlich verärgert nur einen Schritt vor Tatjana und schaut ihr kerzengerade in die weitgeöffneten Augen:

„Mein Papa liebt dich, er wird dich immer und ewig lieben. Ich weiß es ganz genau, bitte sage so etwas nie wieder, weil ich weiß wie sehr er dich und mich liebt!"

che Vorwarnung laufen dicke Tränen über ihr Kindergesicht, bevor sie sich hastig umdreht ... :h die geöffnete Tür davonläuft.

Hastig folgt ihr Tatjana als sie unverzüglich die steile Treppe hinuntersteigt, sich seitwärts in einem der wuchtigen Wohnzimmersessel verkriecht, mit ihren kleinen Händen ihr Gesicht verdeckt und hemmungslos weint.

Während Elisabeth immer wieder mit beiden Händen über den blonden Lockenkopf des Kindes streicht, versucht Tatjana sie mit sanften Worten zu beruhigen. Tatsächlich dreht das innerlich in seinen kindlichen Gefühlen total aufgewühlte Kind seinen Kopf in Tatjanas Richtung. Einige Minuten später huscht sogar ein leichtes Lächeln über ihr verweintes Gesicht und verjagt auch die letzten Tränen.

Es ist inzwischen fast neun Uhr morgens, als die drei durch das gleiche Schicksal miteinander verbunden, an dem von Elisabeth liebevoll gedeckten Frühstückstisch ihre Plätze einnehmen. ‚Omi' Elisabeth mit ihrer ausstrahlenden Herzenswärme, gibt dem Kind das zurück, was es beinahe verloren hätte, nämlich ihren Glauben an das Gute.

Nur kurze Zeit nach dem Frühstück, es ist nicht mal 10 Uhr, äußert Stefanie die Bitte, sich in ihrem Zimmer für eine Weile zurückzuziehen. Tatjana ist sichtlich erleichtert und selbstverständlich begleitet sie das kleine Mädchen zu ihrem Zimmer. Sich in der Türe noch einmal umdrehend, fragt sie das Kind nach weiteren Wünschen. Stefanie hat keine, sie möchte nur eine Zeitlang allein sein, um an ihren Papa zu denken.

Sachte, ganz sachte, verlässt Tatjana das Zimmer und schließt leise die Türe hinter sich.

Es wird bereits Mittag und als sich im Zimmer des Kindes nichts rührt und auch kein Geräusch zu vernehmen ist, klopft Tatjana leise an die Türe. Keine Antwort, sie klopft nochmal, diesmal etwas kräftiger, wieder keine Antwort. Von einer inneren Unruhe erfasst, öffnet sie vorsichtig die Türe. Sie blickt in eine gähnende Leere, im Zimmer ist niemand.

Stefanies Winterstiefel, ihre am Morgen noch über einem Stuhl hängende Winterjacke, der Wollschal und auch ihre Handschuhe sind verschwunden. Es ist, als hätte Tatjana jemand einen Strick um den Hals gezogen. Sie ist nicht Mal mehr in der Lage ihre Mutter zu verständigen, denn kein Ton kommt über ihre Lippen. Sie versucht nachzudenken, versetzt sich in die Lage des Kindes und dann rennt sie so schnell sie kann, die Treppen hinunter in die Garage. Im Vorbeilaufen deutet sie ihrer verdutzt dreinschauenden Mutter an, dass Stefanie verschwunden ist.

‚Wohin kann das Kind sich in dieser eisigen Kälte begeben haben‘? Sie weiß, der einzige Weg den Stefanie kennt, ist der Weg stadteinwärts, den sie jetzt einschlägt. Unverzüglich und ohne weiteres Nachdenken biegt sie in die ‚Weber Street‘ ein, hat schon fast die ‚St. Mary's' Church in ihrem Gesichtsfeld, als sie die kleine Stefanie schnellen Schrittes in die Richtung der Kirche eilen sieht. ‚Lieber Gott ich danke dir'.

Auf der Höhe des zügig schreitenden Kindes angekommen, stoppt sie, trotz laufenden Motors springt sie aus dem stehenden Auto, rennt zum Bürgersteig und umarmt das zierliche Mädchen.

„Stefanie, wo willst du hin, du kannst doch nicht so einfach in dieser eisigen Kälte davonlaufen. Du könntest ja erfrieren!"

Trotz dieser außergewöhnlichen Situation dreht das kleine Mädchen fast bedächtig ihren Kopf und schaut Tatjana mit ihren blitzblauen Augen an:

„Tante Tatjana, nachdem du mir heute Morgen gesagt hast, dass du Angst hast, dass mein Papa dich vielleicht gar nicht liebt, wollte ich nur zur Muttergottes in die Kirche. Du hast mir doch vorgestern erst gesagt, dass man zur Muttergottes gehen soll, weil die immer jedem hilft, der in Not ist. Nun will ich ja nur zu ihr, um sie zu bitten, dass alles wahr wird, was ich heute Nacht geträumt habe. Nämlich, dass mein Papa und du Mann und Frau werdet und ich endlich auch eine richtige Mama bekomme."

Nur mit Mühe kann Tatjana ihre Tränen zurückhalten:

„So Stefanie, jetzt fahren wir erst zur ‚St. Mary's' und du kannst für deinen Papa und auch für mich beten.

Danach, auf dem Nachhauseweg erzähle ich dir etwas, was eigentlich nur für die Ohren deines Papas bestimmt sein sollte. Abgemacht?“

„Ja Tante Tatjana, abgemacht und ‚Großes Ehrenwort‘.“

Nach ihrem gemeinsamen Gebet in der Kirche und als sie wieder in der anheimelnden Wärme in Tatjanas Wagen sitzen, fährt diese nicht sofort los. Vielmehr startet sie nur den Motor, um die von außen eindringende Kälte abzuwehren.

„Mein süßer kleiner Schatz, du weißt genau wie ich, wie sehr ich dich in mein Herz geschlossen habe. Aber du bist nicht allein diejenige, die es in Beschlag genommen hat. Sondern mit dir kommt noch jemand, den ich genau so lieb habe wie dich, deinen Papa. Du und ich, wir beide werden ihn nie wieder hergeben. Wenn er mich so liebt wie ich ihn, kann uns keine Macht der Welt mehr auseinander bringen. So, jetzt habe ich dir das gesagt, was ich eigentlich erst deinem Papa ganz allein sagen wollte. Für uns beide gilt es jetzt nur, gemeinsam zu beten und zu hoffen, dass der liebe Gott ihn uns gesund und munter zurückbringt.“

Freudentränen in den Augen der einen, ein strahlendes Lächeln im Gesicht der anderen, sind das Ergebnis und glückliche Ende einer kurzen aber schmerzhaften Zeitspanne.

„Tante Tatjana, ich war heute Morgen so unglücklich, weil mein Papa mir vor seinem Abflug das gleiche wie du gesagt hast, aber leider darf ich es dir nicht sagen,“

dabei hält sie ihre kleinen Kinderhände kreuzweise über ihren Mund, „weil ich meinem Papa mein ‚Großes Ehrenwort' gegeben habe.

Kapitel 19: Im Dschungel von Peru

Der Bell ‚Jet Ranger' Helikopter mit dem erfahrenen Piloten Marcus Dallmeier an den Kontrollhebeln steigt sehr schnell aufwärts, da er als einziges Gewicht nur den Piloten und seinen einzigen Fluggast Fabian Bauer zu transportieren hat.

Immerhin liegt der ‚Jorge Chavez International Airport' in Lima nur vierunddreißig Meter über dem Meeresspiegel. Doch des ‚Jet Rangers' eigentliche Leistungsfähigkeit kann er erst in etlichen Minuten ausspielen, nämlich dann, wenn er auf eine stolze Höhe von rund viertausend Metern klettern muss. Da des Hubschraubers realistische Servicehöhe etwas über viertausendeinhundert Metern liegt, nimmt naturgemäß mit der Steighöhe die Auftriebskraft der Rotorblätter drastisch ab, weil die Luft in dieser Höhenlage dünner ist und damit die Tragfähigkeit des Hubschraubers enorm nachlässt.

Marcus Dallmeier kann also nicht im direkten Anflug sein Ziel ansteuern, sondern wird den Hubschrauber kreisförmig langsam aber sicher in die erforderliche Höhe schrauben, um schließlich im 'Centro Deportico Colosso', dem Sportzentrum von Junin, zu landen.

Nach rund einstündiger Flugzeit setzt der ‚Bell Jet Ranger' auf einer für die Landung bereits vorgesehenen und abgesperrten Fläche sanft auf. Der herausspringende Fabian Bauer wird von dem in Lima stationierten Manager der ‚Transatlantic Global

Airlines‘, Pablo Fernandes, mit einem kurzen Händeschütteln und äußerst ernstem Gesichtsausdruck begrüßt.

Mit schnellen Schritten eilen die beiden Männer in das direkt neben dem Hospital ‚de Apoyo‘ Junin, liegende Sportzentrum, wo inzwischen die Kommandozentrale der ‚Transatlantic Global‘ eingerichtet wurde. In seinem fast akzentfreien Englisch berichtet nun der Peruaner seinem Boss Fabian Bauer, was und wie viel bisher über die Absturzursache bekannt geworden ist.

Es handelt sich aber bei allem bislang mehr oder weniger nur um Vermutungen, die erst durch eine genaue Untersuchung der peruanischen Luftfahrtbehörde in enger Zusammenarbeit mit der Herstellerfirma der Boeing 777, bestätigt werden können.

Da es inzwischen nach Mitternacht geworden ist, die Unfallstelle größtenteils zwar am Rande aber dennoch teilweise im Dschungel liegt, hat man das Flugzeugwrack bis zum Anbruch des Tageslichtes hermetisch abgeriegelt und mit Sicherheitskräften umgeben, die eigentlichen Rettungsarbeiten aber nur auf die noch im Flugzeugrumpf befindlichen und nicht lebensgefährlich Verletzten und ihre medizinische Versorgung beschränkt. Nachdem Pablo Fernandes alle wichtigen bisher getroffenen Entscheidungen Fabian Bauer mitgeteilt hat, wirkt er nun fast erleichtert.

Im wahrsten Sinne des Wortes überträgt er damit die

Verantwortung auf Fabian. Dabei wird dieser auch den wichtigsten Personen, wie dem vor einer Stunde angekommenen, stellvertretenden Ministerpräsidenten von Peru, dem Bürgermeister von Junin, dem Polizeichef von Lima sowie einigen anderen verantwortungstragenden und entscheidungsbefugten Persönlichkeiten vorgestellt.

Da naturgemäß inzwischen auch Journalisten, Fernsehreporter, Fotografen und Schaulustige scharenweise aufgetaucht sind, bittet Fabian Bauer, die in dem relativ kleinen Büroraum ihm vorgestellten Personen um Verständnis dafür, dass er vorerst unerkannt bleiben möchte. Er möchte damit verhindern, dass er bei der nun ihm übertragenen Leitung und Koordinierung der Rettungsarbeiten nicht unnötig behindert oder belästigt wird.

Die Zeiger der Uhren haben längst zwei Uhr morgens überschritten, als er endgültig mit den ihm wichtigen und erforderlichen Schritten vertraut ist und mit der weiteren Rettungsaktion fortfahren kann.

In kürzester Zeit hat er mit Hilfe der ihm zur Verfügung stehenden Führungskräfte Gruppen mit jeweils vier Personen zusammengestellt. Diese werden sich bei Anbruch des Tageslichtes schnellstens auf den rund achthundert Meter langen Weg vom Sportzentrum in Junin zur Absturzstelle begeben. Dort werden sie mit den ihnen zugeteilten mechanischen Gerätschaften alles Menschenmögliche versuchen, die immer noch recht große Zahl der Verletzten zu bergen und in

Sicherheit zu bringen.

Zu Fabian Bauers eigenem Hilfstrupp hat sich inzwischen ein Hüne von einem Mann gesellt. Einer seiner peruanischen Helfer sendet ihn jetzt mit einem Handzeichen auf Fabian deutend, direkt zu ihm. Fabian ist irgendwie überrascht, denn der auf ihn zukommende Bär von einem Mann marschiert zwar ohne jegliche Schwankungen auf ihn zu, doch die ihm vorausströmende Alkoholfahne ist bereits von rund zehn Metern Entfernung riechbar. Etwa einen Meter vor Fabian bleibt er stehen und schaut Fabian voll ins Gesicht, während er ihm gleichzeitig seine Hand ausstreckt: „Mein Name ist Albert Miller und ich bin einer der wenigen unverletzten Passagiere aus diesem unglückseligen Flieger. Aus persönlichen Gründen habe ich mich während des langen Fluges total volllaufen lassen, doch jetzt bin ich fast wieder vollkommen nüchtern. Wie es aussieht, werdet ihr in den nächsten Stunden jede euch dargebotene Hand nötig gebrauchen können. Von Beruf bin ich zwar Bergwerksingenieur, aber ich könnte mir vorstellen, dass ihr nicht nur kräftige Männer sondern auch welche mit Organisationsgeschick gebrauchen könnt. Also hier bin ich und stehe euch zur Verfügung."

Fabian nimmt die ihm dargebotene Hand. Schon bei den ersten Worten seines Gegenübers hat er am Akzent festgestellt, dass die Muttersprache des Fremden nicht englisch ist, sondern mehr nach ‚Deutsch' klingt. Deshalb stellt er sich auch gleich in seiner Muttersprache vor:

„Albert, stimmt's, ich bin der Fabian und wir haben allerhand vor uns und deshalb nehme ich deine Hilfe dankend an. Wenn es dir recht ist, kannst du mit mir zusammenarbeiten, O.K..“

Fast bedächtig nickt der Hüne mit dem Kopf:

„O.K., das klingt in Ordnung und sobald es hell wird werden wir mal sehen, was wir bewerkstelligen können. Bisher hat es noch keine Toten gegeben, das sagen sie jedenfalls und wir werden hoffentlich dazu beitragen können, dass es so bleibt. Hoffentlich!“

„Ja, hoffentlich!“

Fabians größte Herausforderung besteht aber darin, dass er wegen der dünnen Höhenluft und des dichten Dschungels keine Hubschrauber einsetzen und sich selbst geländegängige Allradfahrzeuge als nicht von großem Nutzen erweisen, da das zwischen dem Dorf und der Unfallstelle liegende Bodengelände nur stellenweise befahrbar und auch zu Fuß nur schwerlich zu bewältigen ist.

Endlich ist es soweit. Am Horizont zeigen sich die ersten Schimmer des hereinbrechenden Tageslichtes. Die Rettungstruppen einschließlich einiger Allradfahrzeuge bewegen sich nur mühsam durch das unwegsame Gelände auf dem Weg zur Unglücksstelle: Nach und nach bergen sie auch die letzten der Passagiere, die doch zum Teil schwerere Verletzungen aufzuweisen haben als die ersten gestrigen Untersuchungen ergeben hatten.

Obgleich jeder einzelne der für einen solch unvorhergesehenen Fall zwar trainierte Helfer der peruanischen Hilfstruppen alles Menschenmögliche gibt, sind es jedoch zwei Männer, die mit kaum nachvollziehbarem Einsatz ihrer körperlichen Kräfte in Verbindung mit ihrer logischen Denkweise wahre Wunder vollbringen. Fabian Bauer und Albert Miller, der nicht Mal die geringste Ahnung hat, mit wem er da zusammenarbeitet, sind beide derartig erschöpft, dass es nur eine Frage der Zeit sein wird, bevor beide an der Grenze ihres körperlichen Zusammenbruchs angelangt sind.

Erst als einer der Helfer ihnen einige Flaschen mit eisgekühltem Wasser bringt, gönnen sich beide die Zeit für eine Verschnaufpause. Während Fabian mit kleinen Schlückchen das Wasser trinkt, schüttet sich sein ‚Kollege Albert' erst einmal das eiskalte Wasser über seinen Kopf, bevor er den Rest aus der Flasche mit wenigen Zügen gierig in seinen Rachen gießt. Nur eine einzelne Minute danach schaut ihn Fabian fast ungläubig an, bevor er ihm die Frage stellt, die ihm nun schon seit Beginn ihrer so unfreiwilligen Zusammenarbeit auf der Zunge brennt:

„Albert, bevor wir unsere Arbeit wieder aufnehmen, darf ich dich etwas fragen?"

„Aber sicher, solange du kein Geld von mir willst, schieß los!"

Fabian schaut nachdenklich in das abgehärtete Gesicht

seines Gegenübers:

„Es geht mich wirklich nichts an, aber bei unserem ersten Zusammentreffen hast du mir mit nicht gerade freudestrahlender Miene im Gesicht erzählt, dass du dich aus persönlichen Gründen auf dem Flug nach hier total betrunken hast und dann nach dem Absturz setzt du dein Leben einige Male aufs Spiel, um andere zu retten. Warum sitzt du am Weihnachtstag volltrunken in einem Flieger von Amsterdam nach Peru. Du brauchst es mir nicht zu erzählen, vielleicht werde ich es nicht einmal verstehen!"

„Fabian, ich weiß zwar auch nicht, wer du bist: Um es dir ehrlich zu sagen, interessiert es mich nicht einmal. Obwohl du auch nicht gerade den Eindruck eines Schwerarbeiters machst, siehst du aber auch nicht nach einem ‚Bleistiftspitzer' aus. Aber was du und ich heute getan haben, soll uns erst einmal einer nachmachen. Warum ich hier mitgespielt habe, werde ich dir jetzt erklären, aber was deine Gründe sind, wird mir vielleicht für immer ein Rätsel bleiben, falls du sie mir nicht erzählst.

Ich bin Bergwerksingenieur und habe die letzten zwanzig Jahre die meiste Zeit hier in Peru verbracht. Zu Hause in Aachen habe ich eine Frau und einen zwölfjährigen Sohn Andreas, meinen ganzen Stolz. Meine Frau Theresa und ich haben, wie ich immer angenommen habe, ein ganz normale und auch recht glückliche Ehe geführt. Wenn immer ich auf Urlaub nach Hause kam, war mein kleiner Andy da und hat sehnsüchtig auf mich gewartet. Auch für mich wurden die letzten Flugstunden nach Hause fast immer zu einer kleinen Ewigkeit. Nun ist alles vorbei, geplatzt wie eine Seifenblase. Ich will dieses Hurenweib nicht mehr sehen, nie mehr, nicht in diesem Leben. Soll sie aus meinem Leben mit dem Bastard von ihrem Sohn verschwinden, hoffentlich auf Nimmerwiedersehen. Vorgestern, also zwei Tage vor Weihnachten, hat sie mir gestanden, dass Andreas nicht mein Sohn ist und zwar nur deshalb weil sein richtiger Vater letzte Woche verstorben ist. Sie hat zwar vor mir auf den Knien gelegen und mir immer wieder versichert, dass es nur ein einziger Fehltritt war, weil ich nicht wie versprochen aus Lima zum Urlaub nach Hause gekommen bin. Verstehst du wenigstens, warum ich jetzt so stinksauer bin und keinen von den beiden jemals wiedersehen möchte. Wenn dies hier alles vorbei ist, werde ich bis zum Umfallen arbeiten und solange saufen, bis ich nicht mehr kann. Leuchtet dir das wenigstens ein?“

Fabians Gesicht scheint schlagartig wie aus Stein gemeißelt, als er sich direkt neben Albert niederlässt und ihm stumm in die Augen schaut. Immer noch wortlos legt er seine Hände auf die breiten Schultern seines neuen Kameraden:

„Albert, bis vorgestern hast du deine Frau und deinen Sohn über alles geliebt. Habe ich Recht? Und heute willst du es wegwerfen als wenn es alles nicht gegeben hätte? Hast du mal über die Umstände nachgedacht oder hast du deine Frau mal gefragt, was und warum es so passiert ist?“

„Nein, das habe ich auch nicht nötig und verlass dich drauf, ich werde schon darüber wegkommen!"

Dabei schaut er fast argwöhnisch zu Fabian, der seinem Blick standhält und kontert:

„Da wäre ich mir an deiner Stelle nicht so sicher. Übrigens, wenn du oft lange Zeiten in Peru warst, war dein Lebensstil immer so astrein? Nur eine Frage."

„Das tut nichts zur Sache und gehört auch nicht hier hin."

„Bist du dir da ganz sicher? Wenn du deinen Sohn so liebst wie du sagst, wird das immer so bleiben. Er wird ewig dein Sohn sein, ob du es wahrhaben willst oder nicht. Du bist mir keine Antwort schuldig, doch vielleicht solltest du noch mal über alles gründlich nachdenken, bevor du über Jemanden den Stab brichst und ganz besonders über diejenigen, die du am meisten liebst. Gib allen eine Chance, denn den größten Gefallen tust du nicht nur deiner Frau und deinem Sohn, sondern dir selber. Es ist mir schwer gefallen, dir das alles so an deinen großen Schädel zu knallen, aber jetzt ist die Zeit, dein Leben wieder in die richtigen Bahnen zu lenken. Nachdem was du heute hier geleistet hast, bin ich mir sicher, dass das was vor dir liegt für einen Kerl wie dich ohne weiteres machbar ist."

„Ja, das war sehr viel, was du mir an den Kopf geworfen hast, aber es war alles umsonst, ich werde nicht zurückgehen, sondern hier mein Glück versuchen. Doch um Himmels Willen nun sag mir, wer du bist, denn du schwingst verdammt große Töne. Im Flieger hab ich dich nicht gesehen, also wo kommst du her und wer bist du?“

„Ich arbeite für die ‚Transatlantic Global Airlines‘ und du wirst es schon noch früh genug erfahren. So, nun lass uns den Rest hier erledigen und dann denke ich, dass wir uns echt eine richtige Pause verdienst haben, einverstanden? Und wenn wir hier fertig sind, gibst du deinem Herzen einen Ruck und machst dich dahin, wo du hingehörst, nämlich nach Hause und das auf dem schnellsten Weg, ist dir das klar?“

„O.K., ich werde auf deinen Rat hören und mal drüber nachdenken, aber bilde dir ja nicht ein, mich überzeugt zu haben, nach Hause zurückzukehren."

Im direkt neben dem Sportzentrum liegenden Hospital hat man bis zum frühen Nachmittag des zweiten Weihnachtstages, des sogenannten Stefanie Tages, alle Schwer- und Leichtverletzten untergebracht und medizinisch versorgt. Die letzten Passagiere können glücklicherweise aufgrund ihrer leichteren Verletzungen nach ambulanter Behandlung das Krankenhaus verlassen, werden vorübergehend im Sportzentrum, Deportico Colosso‘ untergebracht und den Umständen entsprechend, bestens versorgt. Hier warten sie momentan auf ihren Weitertransport zum ‚Jorge Chavez International Airport‘ in Lima zwar etwas ungeduldig und zum Teil auch sichtbar ängstlich auf ihren Abflug.

Endlich, es ist bereits Nachmittag geworden, wird beim nochmaligen Abhakens der Passagierliste festgestellt, dass alle Fluggäste einschließlich der elf Flugbegleiter im Sportzentrum beziehungsweise im benachbarten Hospital vollzählig vorhanden sind und es wie durch ein Wunder keine Toten gegeben hat.

Immer wieder haben sich Fabian Bauer und sein neuer Freund Albert Miller allen anderen voran, mit ihren Helfern und Helfershelfern bemüht, die sich zwischen dem Ortseingang und der Unglücksstelle in Gefahr befindlichen Personen schnellstmöglich in Sicherheit zu bringen.

Fabian Bauer und selbst sein bärenstarker Helfer Albert Miller sind nicht mehr weit von einer totalen Erschöpfungsphase entfernt, als eine neue Hiobsbotschaft sie und alle anderen an der Rettungsaktion Beteiligten erreicht.

Eine peruanische Mutter, die in einer an das Sportzentrum angrenzenden Seitenstraße wohnt, vermisst seit einigen Stunden ihre beiden Kinder, die zwölfjährige Marissa und ihren vierjährigen Bruder Pedro. Señora Rodriguez ist der Verzweiflung nahe als sie von einem ihrer Nachbarn erfährt, dass die Kinder in der angegebenen Zeit auf einem steinigen Pfad zwar in einem weiten Bogen, aber dennoch in grober Richtung auf die Absturzstelle zugewandert sind.

Fabian fragt sich, wie dies möglich sein konnte, da doch der gesamte Absturzbereich hermetisch abgeriegelt war. Warum hat keiner die Kinder zurückgehalten? Fragen, für die es im Moment keine Antwort gibt und die jetzt zweitranging sind. Inzwischen hat sich eine Menschengruppe um Fabian und seine Helfer geschart. Einige der Einheimischen bitten, mit den Hilfstruppen das umliegende Gelände durchsuchen zu dürfen. Da ihnen die umliegende Gegend bis ins kleinste Detail bekannt ist, erhöhen sich die Chancen, die beiden Kinder schneller zu finden, erheblich. Auch der ‚Gentle Giant', wie Fabian seinen Mitstreiter Albert Miller in seinen Gedanken inzwischen bezeichnet, möchte sich trotz aller Erschöpfung an der Suche beteiligen.

Doch Fabian bleibt keine andere Wahl, als das großmütige Ersuchen aller abzulehnen. Bei der gestrigen Notlandung ist nämlich eines der beiden Triebwerke bei der Bodenberührung an einen Felsbrocken gestoßen. Es wurde dabei vom Flügel abgerissen und über hundert Meter weit in die mit meterhohem Gras und dichtem Gebüsch bewachsene ‚Sierra' geschleudert.

Dort, wo das Triebwerk landete, hatte sich in kurzer Zeit ein Schwelbrand entwickelt, der jedoch lokalisiert blieb, da zu dieser Zeit eine absolute Windstille ein weiteres Abbrennen der direkten Umgebung verhinderte.

Doch nun, inzwischen ist der Spätnachmittag angebrochen, hat ein inzwischen zwar nur schwacher Wind das Schwelfeuer aufs Neue entfacht und treibt die Flammen langsam aber stetig in die Richtung des Flugzeugwracks.

Nur mit dem unbedingt Notwendigsten, einer Machete und einer zusammenklappbaren Schaufel, begibt sich Fabian Bauer auf den ihm von Einheimischen gezeigten Weg. ‚Sicherlich ist er sich hundertprozentig der auf ihn lauernden Gefahr bewusst, aber hat er eine andere Wahl? Wenn er jetzt die beiden Kinder im Stich lassen würde, wäre das eine seelische Belastung, die ihn für den Rest seines Lebens begleiten würde.‘

In weniger als einer halben Stunde ist er dem in zwei Teile auseinandergebrochenen Flugzeugrumpf bis auf etwa fünfzig Meter nahegekommen. Da das vor ihm liegende letzte Teilstück mit mannshohen Büschen und zum Teil mit abgebrochenen Ästen und ausgerissenen Baumteilen übersäht ist, wird ihm das Vorwärtskommen ungemein erschwert. Er muss sich unter Zuhilfenahme der Machete regelrecht einen Pfad heraushauen.

Mit dem Freischlagen der ihm den Weg verwehrenden Ästen und Büschen vollständig in Anspruch genommen, überhört er das seitwärts von im kommende Stöhnen. Erst eine kurze Verschnaufpause ermöglicht es ihm, die plötzlich an sein Ohr dringenden Laute wahrzunehmen.

‚Könnte es sich um die vermissten Kinder handeln, die sich hier in ihrer Angst im Buschwerk versteckt haben?‘

Mit mehreren kräftigen Macheten Schlägen, versucht er dem lauter werdenden Geräusch auf den Grund zu gehen. Schließlich, aber immer noch rund dreißig Meter von dem in zwei Teile auseinandergebrochen Rumpf des Airliners entfernt, erspäht er vor sich die grausige Wirklichkeit.

Unter einem, beim Absturz der Maschine wie abgemäht ausschauenden Teil eines kräftigen Baumstammes sieht er den darunterliegenden eingeklemmten Teil eines menschlichen Körpers. Wild mit der Machete um sich schlagend, ist er nur noch einige Meter von einem älteren Mann entfernt, der von dem zentnerschweren Baumstamm eingeklemmt wird. Der Mann, Fabian schätzt sein Alter zwischen sechzig und siebzig Jahren, liegt auf dem zwar weichen Dschungelboden, aber der mächtige Stamm des Urwaldbaumes drückt so auf seinen Brustkorb, dass er kaum atmen kann.

Das laute Stöhnen bestätigt Fabian, dass der Mann zwar lebt, aber ob er bei vollem Bewusstsein ist, kann er erst beim Herausfinden seiner Reaktionsfähigkeit feststellen. Total bewusstlos ist er jedenfalls nicht, denn bei jeder geringsten Bewegung lassen sich die unsäglichen Schmerzen in seinem Gesicht ablesen. Als sich nach einer gerade vorübergegangenen Schmerzperiode sein Gesicht zwar nur einen momentlang entspannt, macht sich ein fast unglaubliches Erschrecken in Fabians Gesicht bemerkbar. ‚Er kennt diesen Mann, irgendwann in seiner Vergangenheit hat er diesen Mann gesehen, mit ihm gesprochen, doch vielleicht ist es auch nur Einbildung seinerseits.‘ Jedenfalls verschwindet der Gedanke aus seinem Gehirn so schnell wie er gekommen ist, denn jetzt zählt jede Sekunde und kann über Leben und Tod entscheidend sein.

Glücklicherweise sind beide Arme des Mannes nicht eingeklemmt worden und Fabian versucht nun mit all seinen ihm übriggebliebenen Kräften den Mann aus seiner prekären Lage zu befreien. Doch das Baumstück ist viel zu schwer, um es auch nur einen Zentimeter zu verschieben oder gar anzuheben. Fabian versucht verzweifelt mit der Klappschaufel das Erdreich unter dem Eingeklemmten zu entfernen, um dadurch mit dem entstehenden Hohlraum so viel Bodenfreiheit zu schaffen, dass es ihm gelingen könnte, den Mann unter dem Baumstamm herauszuziehen.

Vergeblich, denn schon nach wenigen Zentimetern stößt er auf harten Felsboden. Doch der alte Mann hält für Fabian eine andere große Überraschung bereit, während er diesen mit wie es Fabian vorkommt, erkennenden Augen anschaut. Mühevoll hebt er beide Hände, soweit es der ihm über seiner Brust liegende Baumstamm erlaubt und lässt sie danach langsam wieder zur Erde gleiten. Kaum glaublich und für Fabian fast unfassbar, beginnt der Alte mit leisen aber dennoch gut verständlichen Worten zu sprechen:

„Was auch immer ihr Vorhaben ist, geben sie es auf, ich bin nur ein alter Mann und mein Leben wird hier zu Ende gehen!“

Mit angespannten Sinnen lauscht Fabian Bauer seinen Worten, bevor er ihn fragt:

„Wer sind sie, wie heißen sie, wir haben doch alle Fluggäste auf der Passagierliste abgehakt, wie kommen sie hierhin? Irgendwie bekommen sie mir so bekannt vor als wenn wir uns schon mal begegnet wären."

Mit einem schmerzvollen aber wie es Fabian vorkommt, auch unwahrscheinlich traurigem Gesicht schaut der alte Mann Fabian in die Augen:

„Überlegen sie nicht lange woher oder ob sie mich kennen, im Flugzeug waren zwei Personen mit dem gleichen Namen. Vielleicht haben sie den einen doppelt abgehakt."

Das Sprechen fällt ihm zusehends mit jedem Wort schwerer:

„Ich habe mein Leben gelebt, lassen sie es gut sein und mich hier sterben, denn ich weiß, dass meine Chancen gleich ‚Null' sind. Schauen sie nach links, dort hinter den Felsbrocken haben sich zwei Kinder, wahrscheinlich aus Angst, versteckt. Holen sie sie und rennen sie mit ihnen so schnell sie ihre Füße tragen können, zurück ins Dorf. Sehen sie das Buschfeuer dort hinten, der Wind hat sich gedreht und treibt es langsam aber sicher auf uns zu. Warten sie, bevor sie die Kinder holen, rennen sie so schnell sie können und bringen mir aus dem Cockpit des Flugzeuges eine ‚Flaregun'. Soweit ich mich noch zurückerinnern kann, sollte sich neben dem ELT (Emergency Locator) auch eine Leuchtpistole neben dem Pilotensitz unter dem Instrumentenpanel befinden."

Es dauert tatsächlich nur wenige Minuten bis Fabian mit der Leuchtpistole in einer Hand zurück ist. Der alte

Mann mit dem Namen Franz Baumann bittet ihn, ihm die ‚Flaregun' in die rechte Hand zu drücken. Nur mit großer Mühe bringt er jedes weitere Wort aus seinem Mund:

„Holen sie jetzt die Kinder und rennen sie so schnell wie möglich in die Dorfrichtung. Wenn ich die Leuchtpistole abschieße, werfen sie sich mit den Kindern flach auf die Erde, denn dann wird das Wrack wenige Sekunden später explodieren. Solltet ihr euch dann nicht flach auf dem Boden befinden, werdet ihr alle von der Druckwelle getötet."

Mühsam hebt er seine rechte Hand, den Zeigefinger am Abschuss der Pistole.

„Leb wohl, viel Glück und bring die Kinder heil zurück."

Fabian schaut ihm zum letzten Mal in die Augen: „Danke"

„Nun hauen sie endlich ab!"

In die Richtung der vor ihm liegenden Felsbrocken laufend, findet Fabian eng umschlungen dahinter die vor Angst zitternden Kinder, das zwölfjährige Mädchen und ihren kleinen vierjährigen Bruder. Ohne Worte und ohne weiteren Zeitverlust nimmt er beide Kinder und bemüht sich, so schnell es in dem unwegsamen Gelände möglich ist, auf das etwa einen halben Kilometer entfernte Dorf zuzueilen.

Franz Baumann, durch die Schmerzen einem

Ohnmachtsanfall nahe, atmet schwer. Jedes Luftschnappen wird von einem schmerzhaften Stöhnen begleitet. Mit Mühe versucht er sein Gesicht in die Richtung des näherkommenden Grasfeuers zu drehen. Lange wird es sicherlich nicht mehr dauern bis das Feuer den ersten Flügel mit dem immer noch auströpfelnden Treibstoff erreichen und damit eine gewaltige Explosion mit der danach folgenden Druckwelle auslösen wird. Den Zeigefinger fest um den Abzugsbügel der Leuchtpistole geschlungen, dreht er langsam seinen Kopf wieder in die Richtung auf das vordere Rumpfteil des Airliners. Dabei schaut er geradewegs in die geschlitzten Augen und die gespaltene Zunge einer etwa einen Meter entfernt lauernden rund einem Meter achtzig langen Schauer Klapperschlange, dem gefährlichsten und giftigsten Reptil im Dschungel von Peru.

Plötzlich scheinen alle seine Schmerzen wie weggeblasen. Er ist sich bewusst, dass er nicht mal mehr mit den Augen blinken darf, ohne dass die Schlange zubeißt. Aber er kann auch nicht länger warten, ohne das Leben Fabian Bauers und der beiden Kinder zu gefährden.

Der Schlange starr in die Augen blickend, gelingt es ihm gerade noch, den Abzugshahn der Pistole durchzuziehen, denn in Sekundenschnelle bohren sich die Fänge mit den Giftzähnen des Reptils in seinen Unterarm.

Noch vor der gewaltigen Explosion, die kurze Zeit nach

dem Abschuss der weithin sichtbaren Leuchtrakete erfolgt, hat der Tod bereits von Franz Baumann Besitz ergriffen.

Kapitel 20: Die Rettung der Kinder

Noch im gleichen Moment, in dem Fabian Bauer die ‚Flare' hochsteigen sieht, drückt er die beiden Kinder mit sanfter Gewalt auf den weichen Grasboden. Während er die beiden so dicht und eng aneinander schiebt, legt er seinen Körper mit weit ausgestreckten Armen und Beinen über das Mädchen und ihren kleinen Bruder, um so viel wie möglich abzudecken. Dadurch sollte es ihm gelingen, die Gefahr einer Verletzung der Kinder auf ein Minimum zu beschränken.

Mit einer Geste deutet er Marissa und ihrem kleinen Bruder Pedro an, sich mit beiden Händen die Ohren zuzuhalten, da die bald erfolgende Explosion des Flugzeugwracks so laut sein kann, dass sie ohne Weiteres die Trommelfelle der Kinder beschädigen, beziehungsweise zum Platzen bringen kann.

Dann versucht er mit angewinkelten Ellenbogen die Kinder abdeckend, so gut wie möglich auch seine Ohren zu schützen, indem er zwei aus der Erde herausgerissene Grasbüschel auf diese drückt.

Nur wenige Sekunden später erfolgt die Explosion, nämlich in dem Moment als das in die Richtung der Absturzstelle brennende Grasfeuer den mit Treibstoff vollgesogenen Erdboden unter dem abgebrochenen Flügel des Airliners erreicht. Eine hochschießende Stichflame erfasst Flügel- und Rumpfteile und alles was von dem noch vor wenigen Stunden so stattlichen Flugzeug übriggeblieben ist, wirbelt nun mit ungeheurer

Kraft einem Sog gleich durch die Luft.

Da, wo noch vor wenigen Minuten der schwerverletzte Franz Baumann eingeklemmt und hilflos unter einem Baumstamm lag, gähnt jetzt nur noch ein tiefes Loch.

Mit einem riesigen Feuerball begleitet, zieht die Druckwelle nach vorne und zwar in die Richtung, die Fabian Bauer mit den beiden Kindern eingeschlagen hat. Metallteile wirbeln wie Papierfetzen durch die Luft und geradewegs auf das Dorf zu. Bevor die Druckwelle den Ort Junin erreichen kann, fällt der Spuk, so schnell wie er startete, in sich zusammen. Wie durch ein Wunder werden zwar die Fensterscheiben der Häuser am Ortseingang noch zum Zerspringen gebracht aber ansonsten sind glücklicherweise keine weiteren Schäden entstanden.

Über der Unglücksstelle lodern zwar immer noch haushohe Flammen und vermitteln den Zuschauern und Dorfbewohnern ein gespenstig anmutendes Bild des Grauens und der Verwüstung.

Der Verzweiflung nahe und laut schreiend irren viele der Dorfbewohner ziellos umher, während die Angst in ihren Augen ganze Bände spricht. Der Fremde, der sich nochmals entgegen aller Warnungen in Lebensgefahr begeben hatte, um zwei unschuldige Kinder zu retten, ist nach Ansicht aller mit seiner wertvollen Fracht, sollte er tatsächlich die Kinder gefunden haben, umgekommen.

Das Umherirren und anfängliche Schreien der

Menschen ist jetzt von einer Totenstille abgelöst worden. Die Gedanken der Dorfbewohner als auch der Rettungsmannschaften sind bei den drei Opfern und viele der Peruaner haben ihre Hände gefaltet um ihre Stoßgebete zum Himmel zu senden. Ja und um den da oben anzuflehen, dass er doch noch vielleicht das Leben der Drei auf unerklärliche Weise beschützt hat.

Doch inzwischen ist auch die Hoffnung auf eine wundersame Rettung selbst bei dem letzten Zweifler auf den Nullpunkt gesunken.

Fabian verharrt noch einige Minuten über den beiden leblosen Körpern der Kinder. Dann endlich, als er sich erheben will, verspürt er den unmenschlichen Schmerz in seiner linken Seite. Nur mit größter Mühe gelingt es ihm, seine Beine und Arme so zu bewegen, dass er seinen Körper in eine Aufrechtstellung bringen kann.

Erst jetzt bemerkt er das Leichtmetallstück, das aus seiner linken Hüfte mindestens dreißig Zentimeter herausragt. Obgleich das Metallstück tief in seinem Körper steckt, ist seine Bewegungsfreiheit nicht so stark eingeschränkt, wie er es anfangs vermutet hat.

Inzwischen hat auch das Mädchen seinen Kopf gedreht und schaut ihn mit ungläubigen Augen an, während der kleine Junge bisher noch nicht das geringste Lebenszeichen von sich gegeben hat. Fabian hilft dem geschockten Kind nun vollkommen auf die Beine, soweit es seine eigene Bewegungsfreiheit zulässt.

Glücklicherweise scheint es keine sichtbaren

körperlichen Schäden davongetragen zu haben. Es hilft ihm sogar beim Aufheben ihres kleinen Bruders, der jetzt zwar heftig atmet, aber in einer tiefen Ohnmacht zu sein scheint. Unter Zuhilfenahme aller noch in seinem Körper übriggebliebenen Kräfte, hebt Fabian den Jungen in seine starken Arme und gemeinsam bewegen sie sich durch das hohe, aber noch nicht in Brand geratene Gras in die Richtung des nur einige hundert Meter entfernten Dorfes.

Tatsächlich gelingt es dem schwerverletzten Fabian, den kleinen Pedro in seinen Armen haltend und mit dem jungen Mädchen an seiner Seite, die relativ kurze Strecke bis zum Ortsanfang in rund einer Stunde zu bewältigen.

Im Ort selbst haben sich zwischenzeitlich die Rettungstrupps organisiert und wollen nun versuchen, die fast vollkommen niedergebrannte Absturzstelle zu erreichen. Trotzdem, dass nicht ein einziger der Beteiligten daran glaubt, Leben in der Stätte der Verwüstung zu finden, hat man beschlossen, alle Gerätschaften, die zur Lebensrettung beitragen könnten, nochmals mit sich zu führen.

Fertig gerüstet und zum Aufbruch in das unwirtliche Gelände bereit, geschieht für die zum Teil sehr abergläubischen peruanischen Dorfbewohner als auch für die Rettungsmannschaften ein kleines aber unverhofftes Wunder.

Wie von Geisterhand teilt sich plötzlich das direkt an die

ersten Häuser des Ortes angrenzende mannshohe Gras. Der schwerverletzte Fabian Bauer, ein etwa dreißig Zentimeter langes Metallstück aus seinem Körper herausragend und den kleinen Pedro in seinen Armen tragend, schleppt sich mit dem Mädchen neben ihm an seiner rechten Seite, mit den letzten Kräften, die er seinem Körper abzuringen vermag, auf den dicht zusammenstehenden Menschenauflauf zu.

Totenstille und Schock beherrschen die Szene. Doch dann zerreißt ein Schrei die unwirkliche Ruhe. Der Schrei einer verzweifelten Mutter, die ihre totgeglaubten Kinder auf sich zukommen sieht.

„Marissa, Pedro, Marissa, Pedro," sie läuft den Ankömmlingen entgegen, stolpert und fällt, erhebt sich, läuft weiter bis sie vor Fabian steht, der ihr ihren bewusstlosen Sohn in die Arme legt, bevor er selbst von Schwäche und Schmerzen übermannt, zu Boden sinkt.

Einige der direkt neben ihm stehenden Männer bemühen sich, ihm wieder auf die Beine zu helfen. Der vor etwa einer Stunde aus Lima angekommene Chirurg Dr. Jesus Lopez-Cobo ist inzwischen mit dem hiesigen Chefarzt Dr. Pablo Sanchez innerhalb kürzester Zeit an Fabians Seite und beide bemühen sich mit äußerster Konzentration die schlimm ausschauende und heftig blutende Wunde zu behandeln. Nur dann können sie mit einigen Helfern den Schwerverletzten relativ gefahrlos in das nahe liegende Krankenhaus transportieren.

Während der wenigen Worte, die der Arzt mit Fabian wechseln kann, erlangt neben ihm der kleine Pedro, der sich immer noch in den Armen seiner aufgeregten aber trotzdem glücklichen Mutter befindet, wieder sein Bewusstsein zurück. Mit weitgeöffneten Pupillen schaut er ihr ins Gesicht, während nur ein Wort seinem Munde entweicht:

„M a m a .“

Schlagartig vergisst Fabian das Metallstück in seiner Seite, vergisst den höllischen Schmerz, der seinen Körper durchdringt. Auf einmal ist ihm klargeworden, welche Fehler er in der Vergangenheit begangen hat. Er will nur noch zurück nach Kanada, zu seiner kleinen Tochter Stefanie und der Frau, in die er sich in den wenigen Tagen ihres Kennenlernens und Beisammenseins hoffnungslos verliebt hat.

Dr. Fritz Eiche, den er zu seinem engsten Freundeskreis zählt und den er noch auf dem Hinflug von Toronto zur Unglücksstelle in Junin gebeten hat, ist vor wenigen Minuten von seinem Flug aus der Schweiz hier in Junin angekommen.

Obwohl der als Unfallarzt voll ausgebildete Chirurg allerhand in seiner langen Praxis gesehen und erlebt hat, ist er doch erschrocken als er seinen Freund, der Bewusstlosigkeit nahe und mit schmerzverzerrtem Gesicht plötzlich vor sich sieht.

Aufgrund seiner sofortigen Anordnung bringt der bereitstehende Sanitätstrupp Fabian Bauer auf einer

Tragbahre unverzüglich in das nur eine kurze Strecke entfernt liegende ‚Apoyo' Hospital. In diesem sind zurzeit auch alle schwerverletzten Passagiere und Flugbegleiter der notgelandeten Boeing 777 untergebracht, bevor sie zum Teil in andere naheliegende Krankenhäuser zur Weiterbehandlung gebracht werden.

Wie zu erwarten, ist das ‚Apoyo' Hospital total überfordert und die aus allen Teilen der Umgebung herbeigerufenen Ärzte bemühen sich unter den limitierten Umständen, die notwendigsten medizinischen und operativen Eingriffe unter allen menschenmöglichen Umständen schnellstens durchzuführen. Danach werden die schwierigsten Fälle den Verletzungen entsprechend per Ambulanz in andere Krankenhäuser im nahen Umkreis zwecks eventueller Spezialbehandlung, wenn notwendig ja sogar bis nach Lima, weitertransportiert.

Da momentan den Umständen entsprechend alle Operationsräume im ‚Apoyo' Hospital voll ausgelastet sind, wird in einem anderen angegliederten Raum alles Erforderliche für eine Notoperation an Fabian Bauer vorbereitet. Dr. Fritz Eiche hat sich in Windeseile darauf eingerichtet, das lebensgefährliche Leichtmetallstück aus Fabians Hüfte herauszuschneiden.

Doch der Schwerverletzte lehnt dies entschieden ab, obwohl sein Freund ihm beizubringen versucht, dass es die momentan einzige Möglichkeit ist, eine auftretende lebensgefährliche Verblutung abzuwenden.

Glücklicherweise hat der Blutverlust stark nachgelassen und da Fabian sich trotz Injizierens starker Tranquilizer noch immer einer Ohnmacht nahe fühlt, verdrängt sein Bedürfnis schnellstens nach Hause zu kommen, alle Vorsichtsmaßnahmen seinerseits.

Nach kurzer Beratung mit Dr. Sanchez, eine andere Wahl scheint ihm sowieso nicht zu bleiben, beschließt Dr. Eiche einen radikalen und gefährlichen Weg, um seines Freundes Wunsch zu erfüllen. Er ist sich darüber im Klaren, dass er das Leichtmetallstück ohne eine vollständige operative Entfernung hier nicht durchführen kann. Selbst das vorsichtigste Herausziehen des Metallteiles aus Fabians Körper könnte durchtrennte Nerven und Adern freilegen und eine nicht zu stillende Verblutung herbeiführen, welches auf unabwendbarem Wege nur die Todesfolge seines Freundes einleiten würde.

Nach einer weiteren kurzen Absprache mit Dr. Sanchez ziehen die beiden Ärzte alle infrage kommenden Gefahrenpunkte in Betracht, bevor sie sich entschließen, das Metallstück an der Eintrittsstelle in Fabians Hüfte mit einer Metallschere abzutrennen.

Während der peruanische Arzt sich mit einem der verantwortlichen Sanitäter aus dem Rettungstrupp bemüht, auf schnellstem Wege eine sterilisierte Blechschere aufzutreiben, trifft Dr. Eiche die erforderlichen Vorkehrungen um dem Patienten nach der Abtrennung des Metallstückes vom Körper schnellstens einen Druckverband um die Wunde anzulegen. Damit will er erreichen, dass Fabian Bauers Zustand für eine möglichst lange Zeit stabilisiert wird und während des Transportes per Hubschrauber zwischen dem ‚Apoyo Hospital' zum ‚Jorge Chavez Airport' in Lima und danach der achtstündige ‚Airbusflug' mit der „Kärnten" nach Toronto so problemlos wie nur möglich verläuft.

Es dauert tatsächlich nicht Mal zehn Minuten bis Dr. Sanchez und der Sanitäter, der eine sterilisierte Blechschere in seinen Händen hält, wieder im behelfsmäßig eingerichteten Operationssaal auftauchen.

Dr. Fritz Eiche, der als erfahrener Arzt und besonders auch in der Unfallchirurgie als Notfallarzt in schwierigen Unfällen mit seinem Können unzähligen Menschen das oft nur an einem seidenen Faden hängende Leben gerettet hat, wartet bereits ungeduldig. Aus Erfahrung ist ihm mehr als genügend bekannt, welch lebenswichtige Rolle gerade die Zeit hier spielen kann, denn sein Patient ist durch den enorm hohen Blutverlust bereits mehr als ein Durchschnittsmensch normalerweise verkraften kann, geschwächt.

Doch dann taucht aus dem Nichts ein anderes Problem auf, als der auf Abruf bereitgestellte junge Narkosearzt seinen Kollegen Dr. Eiche und Dr. Sanchez lakonisch erklärt, dass man durch die Vielzahl der Verletztenbehandlungen keine ausreichenden Narkotisierungsmittel mehr zur Verfügung habe. Fritz Eiche schaut in das blasse Gesicht seines Patienten:

„Fabian, so ist das Leben, den Letzten beißen immer die Hunde."

Dr. Sanchez hat einige äußerst starke Schmerztabletten aufgetrieben, die er Fabian einflößt. Nun umwickelt er ein Stück Bambusrohr mit einem weichen Waschlappen, welches er ihm zwischen die Zähne steckt und bittet Fabian diese mit aller übriggebliebenen Kraft zusammenzubeißen.

Obwohl die Schmerzen trotz der einsetzenden Wirkung der starken Tabletten Fabian an die Grenzen einer Ohnmacht treiben, er hat daher seine Hände bereits in den Metallrahmen der Krankentrage verkrampft, lässt sich sein unüberhörbares Stöhnen nicht vermeiden.

Dann beginnt Dr. Eiche, assistiert von Dr. Sanchez, in absoluter Millimeterarbeit mit der Blechschere das Metallstück direkt über der Eintrittsstelle in Fabians Hüfte abzutrennen. Obwohl die gesamte Prozedur nur wenige Minuten in Anspruch nimmt, kommt es Fabian wie eine kleine Ewigkeit vor.

Endlich, endlich hält Fritz Eiche das abgeschnittene Metallstück frei in der Hand, sodass auch Fabian einen Blick darauf werfen kann, bevor er es auf eine neben ihm stehende Ablage platziert.

Innerhalb der nächsten Minuten haben die beiden Ärzte Fabian Bauers Hüfte mit einem Druckverband stabilisiert. Beide schauen sich erstaunt an, als sich nach wenigen Minuten der Patient außerordentlich schnell von seiner Verkrampfung erholt. Einer Erlösung gleich entfernt er noch während des Bandagierens seiner Hüfte das zur Hilfe genommene stoffumwickelte Stück Bambusrohr aus seinem Mund, um danach wieder einigermaßen normal zu atmen. Mit einer schwachen Bewegung hält er seine rechte Hand Fritz Eiche entgegen und zwei Worte entschlüpfen seinem Mund:

„Danke Fritz!"

Mit einem unschlüssigen Grinsen im Gesicht, schaut ihm dieser in die Augen:

„Freue dich nicht zu früh mein Freund, noch sind wir nicht in Toronto. Ich werde jetzt mal versuchen, einige Schmerzmittel aufzutreiben, aber bei der großen Anzahl der Schwer- und Leichtverletzten wird wohl nicht mehr viel übriggeblieben sein."

„Lass es sein Fritz, die Leute die sich noch hier in Notbehandlung befinden, brauchen sehr wahrscheinlich die Schmerzmittel dringender als ich. Schließlich habe ich während der Ableistung meines Wehrdienstes ausführlich gelernt, mit Schmerzen umzugehen. Jetzt ist endlich mal die Zeit da, um zu prüfen, ob die mir damals auferlegten Schmerzmanagementkurse für den Notfall tauglich sind."

Noch während Dr. Eiche seinem Freund Fabian beim Anziehen soweit wie möglich hilft, klopft es an die Tür und ohne ein ‚Herein' abzuwarten, betritt der stellvertretende Stationsmanager und Helikopterpilot Marcus Dallmeier den behelfsmäßigen Operationsraum. Gleich hinter ihm hat auch Josè Garcia, der Beauftragte der peruanischen Flugsicherungsbehörde den Raum betreten und wird mit knappen Worten Dallmeier's Chef, also dem Inhaber der ‚Transatlantic Global Airlines', Fabian Bauer, vorgestellt.

Trotz immer noch anhaltender starker Schmerzen, ist es Fabian Bauer ein großes Bedürfnis mit beiden Männern ein zwar kurzes, aber äußerst wichtiges Aufklärungsgespräch zu führen. Immerhin geht es hierbei um ein verlorenes Menschenleben.

Mit knapp gehaltenen Sätzen erklärt er sein Zusammentreffen mit Franz Baumann, der eigentlich in Sicherheit hätte sein sollen. Ganz bestimmt nicht da, wo Fabian ihn fand, besonders da man die Passagierliste als vollzählig abgehakt hatte. Ob sich der andere Fluggast Frank Baumann versehentlich zweimal gemeldet hatte und damit die Vollzähligkeit aller Passagiere bestätigt hat, konnte der immer noch unter Schockeinwirkung stehende Mann nicht mehr nachvollziehen.

Jedenfalls hatte der von Fabian entdeckte Franz Baumann unter grässlichsten Schmerzen und mit dem Herzen eines Helden Fabian Bauer und den beiden Kindern Marissa und Pedro Rodriguez das Leben gerettet.

Trotz seiner momentanen eigenen Schmerzen ist es Fabian Bauer ein großes Anliegen die heldenhafte und uneigennützige Tat dieses Mannes hervorzuheben.

Nach Abschluss dieses ‚Air Desasters' wird er persönlich dafür Sorge tragen, dass man diesen großartigen Mann mit dem schlichten Namen ‚Franz Baumann' hier in Junin in der Zukunft nicht vergessen wird.

Der Vertreter der peruanischen Luftfahrtbehörde, Josè Garcia, hat praktisch jedes Wort aus Fabians Munde nicht nur mit größtem Interesse in sich aufgenommen, sondern auch mit dementsprechenden Notizen festgehalten. Die gesamte Prozedur hat doch mehr Zeit in Anspruch genommen, als die beiden Ärzte, Dr. Fritz Eiche und Dr. Pablo Sanchez, hierfür veranschlagt hatten.

Urplötzlich wird auch Marcus Dallmeier von Minute zu Minute unruhiger. Obwohl momentan die Temperatur in dieser Höhe noch bei plus sieben Grad liegt, kann sich das Wetter hier oben in Junin in kürzester Zeit ändern. Es herrscht zwar noch strahlender Sonnenschein, wie Señor Dallmeier mit einem kurzen Blick nach draußen feststellt, jedoch von der Nordseite, also vom ‚Lake Junin' ziehen zunehmende dicke Regenwolken in die Richtung des Ortes.

Mit von Herzen kommenden Worten und sogar den dementsprechenden Gesichtsausdrücken, verabschieden sich Fabian Bauer und Dr. Fritz Eiche von dem im behelfsmäßigen Operationsraum verbleibendem Personal. Vier nicht nur kräftig ausschauende sondern auch vor Kraft strotzende Peruaner heben die auf metallenen Füßen stehende Krankentrage mit Fabian Bauer in die Höhe und steuern auf den Ausgang zu.

Obgleich der ‚Bell Jet Ranger' nicht einmal dreißig Meter entfernt auf dem Parkplatz vor dem Krankenhaus steht und bereits auf seinen Patienten wartet, hat sich zwischen dem Hospitaleingang und dem Weg zum Hubschrauber eine große Menschenansammlung eingefunden, als hätten sie das auf sie Zukommende geahnt. Jetzt, wo sich die vier Träger mit dem bleichaussehenden Fabian Bauer auf der Liege mit bedächtigen und äußerst vorsichtigen Schritten in die Richtung zum Hubschrauber bewegen, hätte man ohne Weiteres das Fallen einer Stecknadel gehört.

Die Ehrerbietung, die man dem Retter der zwei Kinder entgegenbringt, strahlt fast eine gewisse Feierlichkeit aus. Viele der Anwesenden bekreuzigen sich, manche versuchen auch nur für einen kurzen Augenblick Fabian oder auch nur die Trage zu berühren, doch die Mehrzahl winkt ihm zu, um ihm damit ein herzliches ‚Danke schön' anzudeuten.

Im Helikopter selbst hat man die hintere Sitzbank herausgenommen, um für die Krankentrage den nötigen Platz zu schaffen. Mit Präzisionsgeschick zwängen die Träger die Tragbahre in den Hubschrauber, während Marcus Dallmeier im Pilotensitz und Dr. Fritz Eiche den Co-Pilotensitz belegt hat.

Marcus Dallmeier startet den Motor und als dieser seine Betriebstemperatur erreicht hat, kuppelt er die Rotorblätter ein. Diese haben nicht mal ihre erste Schwingung beendet, als die versammelte Menschenmenge in einen gewaltigen Jubelschrei ausbricht, der selbst das laute Geräusch der Rotoren des Helikopters noch übertönt.

Als sich dann der ‚Jet Ranger' langsam in die Höhe schraubt, erheben sich Hunderte von Händen himmelwärts, um dem Mann zu danken, der ohne es selbst zu wissen oder gewollt zu haben, zu ihrem Helden geworden ist. Immer wieder und immer lauter werdend bis es fast wie aus einer einzigen Kehle kommend, erschallt ihr Ruf:

„Grácias, Fabiano, Grácias Fabiano."

Fabian Bauer bekommt von dem unter ihm Geschehenden kaum etwas mit, denn eine leichte Ohnmacht hat momentan Besitz von ihm ergriffen. Dr. Eiche hat sich ihm vollends zugewandt, beobachtet sorgfältig jede seiner Bewegungen und hat mit beiden Händen Fabians linke Hand fest umschlungen.

Unter ihnen im dicksten Menschengewühl hat ein Mann vergeblich versucht, noch vor dem Abflug die Nähe des Hubschraubers zu erreichen. Doch als er das Nichtgelingen seines Versuches einsah, rannte er so schnell er konnte ins nahegelegene Hospital und „borgte" sich ein übergroßes Leinentuch. Mit diesem und einer Spraykanne schwarzer Farbe rennt er in Richtung des Sportplatzes, den der Hubschrauber in wenigen Minuten überfliegen wird.

Noch in verhältnismäßig niedriger Höhe schickt sich Marcus Dallmeier an, das unter ihm liegende Sportgelände zu überfliegen. Einen Moment nach unten schauend, schüttelt er fast ungläubig seinen Kopf, stößt Dr. Eiche an und zeigt nach unten. Von dort auf dem Sportfeld winkt ihnen ein hünenhafter Mann aufgeregt mit beiden Armen zu und deutet auf ein riesiges weißes Leinentuch. Auf diesem stehen deutlich lesbar in schwarzer Schrift nur drei Worte: „I GO HOME“. Marcus Dallmeier als auch Dr. Eiche schütteln beide ihre Köpfe und als Fritz Eiche sein Gesicht Fabian zudreht bemerkt er, dass dieser aus seiner leichten Ohnmacht erwacht ist und berichtet ihm mit einigen Worten, was die beiden da gerade unter sich gesehen haben.

Fritz Eiche kann es nicht glauben, über Fabians Gesicht huscht der Schimmer eines glücklich aussehenden Lächelns als er sanft mit dem Kopf nickt, bevor er in einen schmerzfreien und erlösenden Schlaf fällt.

Nach rund dreißig Minuten Gesamtzeit überfliegt der ‚Bell Jet Ranger‘ in niedriger Höhe den ‚Jorge Chavez International Airport‘ Lima, in die Richtung der dem Piloten zugewiesenen Landeposition und ‚Hovert‘ von dort nur etwa einen Meter über dem Boden unter ihm, in Richtung des wartenden Airbusses A319.

Hier, zwar momentan auf einem wenig benutzen Taxiweg stehend, jedoch in unmittelbarer Nähe zur Startbahn, wartet Fabians Airbus, die "Kärnten" zum direkten Abflug startbereit, auf den ankommenden Krankentransport.

Nach einem gekonnten und mit äußerstem Geschick durchgeführten Manöver landet Pilot Dallmeier den

Hubschrauber nur wenige Meter entfernt auf einer Grasfläche, wo bereits etliche Sanitätshelfer für die Umladung der Krankentrage mit Fabian Bauer vom Helikopter in das Flugzeug bereitstehen.

Erst nachdem die Rotorblätter zum totalen Stillstand gekommen sind, rennt der aus einer Gruppe von sechs kräftigen Männern bestehende Hilfstrupp auf die geöffneten Türen zu, um die Entladung ihrer wertvollen Fracht, nämlich des schwerverletzten Fabian Bauers aus dem Hubschrauber zum abflugbereiten Airbus schnellstens durchzuführen.

Dort hat man auf Anweisung von Dr. Fritz Eiche bereits eine der beiden Notarztkabinen zwecks Fabians schonenden Weitertransports nach Kanada vorbereitet.

Inzwischen ist über Peru die Dunkelheit hereingebrochen und die bereits eingeschalteten Scheinwerfer der "Kärnten" werfen gespenstige Schatten über die von ihnen angestrahlte Fläche des Rollweges bis zur Startbahn.

Fabian Bauer hat inzwischen im hinteren Teil der Passagierkabine in einer der beiden Notfallkabinen auf einem mit Decken und Polstern unterlegt aber fest installiertem OP Tisch eine so bequem wie nur eben mögliche seitliche Liegestellung eingenommen.

Vom Kontrollturm des ‚Jorge Chavez' Airport wird um 19.03 Uhr peruanischer Zeit dem Airbus A319, der „Kärnten", mit Flugkapitän Hans-Werner Zimmermann und dem ‚Ersten Offizier' Jens Steigenberger im Cockpit, die Rollerlaubnis zur Startbahn 33 zugeteilt. Nur ein Jetliner ist zwischenzeitlich vor ihnen gestartet, als Kapitän Hans-Werner Zimmermann in die Startposition rollt und nach der Startfreigabe vom Kontrollturm die beiden Schubkrafthebel mit sicherer Hand gleichmäßig nach vorne schiebt um die „Kärnten“ so schnell wie möglich auf die erforderliche Abhebegeschwindigkeit zu bringen.

Da der Airbus trotz vollgefüllten Tanks nur das Minimumabfluggewicht aufweist und auch ein kräftig aufkommender Wind aus der optimalen Richtung das seine dazu tut, ist die vorgegebene Reisehöhe von dreizehntausend Metern in relativ kurzer Zeit erreicht.

Fast identisch mit dem Hinflug führt die Flugroute nur jetzt in entgegengesetzter Richtung nördlich über Ecuador, Kolumbien, über die ‚Karibische See‘, danach über Kuba und durch den Luftraum der USA im direkten Anflug auf den ‚Internationalen Lester Pearson Airport‘ in Toronto.

Während des gesamten etwa acht Stunden dauernden Fluges hat Dr. Fritz Eiche auf einem Hocker neben dem OP-Tisch in der Notarztkabine bei seinem Freund Fabian verbracht und dabei die über Fabian hängenden Monitore kaum mehr als dreißig Sekunden unbeobachtet aus den Augen gelassen.

Zweimal während des doch anstrengenden Fluges hat er Fabian leichte Betäubungsmittel und auch Schmerzmittel injiziert, aber immer wieder mit größter

Aufmerksamkeit darauf geachtet, dass Fabian nicht in eine in seinem Zustand gefährlich werdende Bewusstlosigkeit fällt.

Einem Großteil des Fluges über die Vereinigten Staaten hat Kapitän Zimmermann seinem Co-Piloten Jens Steigenberger die Verantwortung des Fluges übertragen und Dr. Eiche bei der Patientenbeobachtung sogar zeitweilig, zwar nur kurzzeitig abgelöst, um ihm wenigstens vorübergehend eine leichte Entspannung und einige wenige kleine Schlafpausen zu gewähren.

Bei Anbruch der Morgendämmerung fliegen sie in die Kontrollzone des ‚Lester Pearson International Airports' in Toronto ein. Da sie einen Schwerverletzten an Bord haben, wird ihnen eine Direktlandung auf der Landebahn 06 zugeteilt. Nach einer sanften Landung rollt der Jet langsam und präzise über den ihm zugewiesenen Taxiweg zu einer an den Terminal 1 seitwärts angeschlossenen asphaltierten Fläche in seine Parkposition.

Ein bereits seit rund dreißig Minuten bereitstehendes Ambulanzfahrzeug mit einem Notarzt und zwei Sanitätern steht in kürzester Zeit neben der vom Flugzeug herabgelassenen Treppe, um seinen einzigen aber schwerverletzten Passagier in Empfang zu nehmen. Alle die wie ein Film ablaufenden perfekten Vorbereitungen, die hier im Moment geschehen, schauen fast wie einstudiert aus. In Wirklichkeit ist der minutiös geplante Vorgang bereits während des Fluges von Kapitän Zimmermann nach den genauen

Instruktionen von Dr. Fritz Eiche an das Boden- und auch Krankenhauspersonal des Toronto ‚Western Hospitals‘ weitergeleitet worden.

Mit der gebotenen Vorsicht heben die beiden Sanitäter unter Mithilfe des Notarztes und Dr. Eiche den bei vollem Bewusstsein auf der Krankentrage liegenden Fabian Bauer über die Ausstiegstreppe in das mit laufendem Motor wartende Ambulanzfahrzeug.

Was jetzt hier vor sich geht, geschieht in Windeseile. Die Ambulanz mit heulenden Sirenen und eingeschaltetem Rotlicht jagt auf den Flughafenausgang zu, um das in der Nähe der Stadtmitte liegende ‚Western Hospital‘ auf kürzestem und schnellstem Weg zu erreichen.

Am ‚Emergency Entrance‘ wartet man schon ungeduldig auf die Ankömmlinge. Innerhalb weniger Sekunden heben die ‚Para-Meds‘, unterstützt von den Ärzten den Patienten von der zur Ambulanz gehörenden Tragbahre auf einen , man kann ihn als einen rollenden OP-Tisch bezeichnen, und rasen damit regelrecht auf schnellstem Weg in den bereits für die Operation vorbereiteten Operationssaal Nummer Zwei, wo neben den OP-Personal sich auch der Chirurg Dr. Michael Pfeiffer in Bereitschaftsstellung postiert hat.

Zusammen mit dem erfahrenen Militärarzt Dr. Fritz Eiche wird er nun die gefährliche Operation der Entfernung des Metallteiles aus Fabian Bauers Körper durchführen. Der 1.90 Meter große und äußerst stattliche Dr. Pfeiffer schaut mit einem aufmunternden Blick in die stahlblauen Augen Fabians, schüttelt mit seiner linken Hand dessen linke und bemerkt mit einem freundlichen Grinsen im Gesicht:

„Mister Bauer, keine Sorge, wir werden sie schon wieder hinkriegen!"

Von Fabian unbemerkt, hat inzwischen der Narkosearzt Dr. Sang am Kopfende des OP-Tisches seine Stellung eingenommen. Doch jetzt tritt er an Fabians linke Seite und lacht ihn mit den Worten an:

„Buddy (Freund), in zehn Sekunden schläfst du."

Danach führt er die Injektionsnadel in die in der Zwischenzeit an Fabians rechter Hand angebrachte Kanüle ein. Wie von Dr. Sang angekündigt, dauert es tatsachlich nur Sekunden bis Fabian Bauer ins Reich der Träume eingekehrt ist.

Kapitel 21: „Sensenmann, du kriegst ihn nicht."

In einer fast zwei Stunden dauernden Operation entfernt das Ärzteteam unter der Leitung von Dr. Michael Pfeiffer in enger Zusammenarbeit mit Dr. Fritz Eiche das aus Fabian Bauers linker Seite herausragende Metallteil.

Danach ist es die Aufgabe des erfahrenen ehemaligen Militärarztes Dr. Fritz Eiche, erneut einen Druckverband um die Operationswunde an Fabian Bauer anzulegen. Hiermit will das Team sicherstellen, dass Fabian nach seinem Erwachen aus der Narkose in einem stabilen Zustand bleibt und nur wenige Stunden nach der schwierigen und äußerst delikaten Operation transportfähig ist. Schließlich hatte er noch im ‚Apoyo Hospital' in Junin, Peru den Wunsch geäußert, ja sogar angeordnet, falls sein Zustand es zuließe, auf schnellstem Weg zum Haus der Königs in Kitchener, transportiert zu werden. Immerhin warten dort sehnsüchtig zwei Menschen auf ihn, für die er ohne den geringsten Zweifel bereit war, sein Leben aufs Spiel zu setzen.

Während in den letzten zwei Tagen die „Gottscheer Gruppe" unter der Leitung von Pfarrer Peter Weiler mit anderen zur Verfügung stehenden Linienflügen ihre Heimreise nach Österreich angetreten hat, verharren Elisabeth König, ihre Tochter Tatjana und Fabians Töchterlein Stefanie im Hause der Königs in Kitchener. Per Fernsehen und Tageszeitungen verfolgten sie, soweit es ihnen möglich war, die Geschehnisse in Peru. Es war eine für sie einigermaßen beruhigende Nachricht, zu erfahren, dass es außer einem gewissen Franz Baumann glücklicherweise keine weiteren Todesopfer zu beklagen gab.

Doch dreiundvierzig Schwerverletzte sind das Fazit des schlimmen Endresultats. Unter diesen befanden sich auch die beiden Flugkapitäne und ihre Co-Piloten. Doch einem Wunder gleich, hat man heute per Fernsehen als auch in den Tageszeitungen die gute Nachricht verlauten lassen, dass Alle inzwischen außer Lebensgefahr sind. Fast alle der weniger Schwerverletzten haben bereits das ‚Apoyo-Krankenhaus' in Junin verlassen und befinden sich inzwischen auf ihrer Heim- bzw. Weiterreise.

Doch nun ist der große Augenblick für Stefanie, Tatjana und ihre Mutter Elisabeth nur noch Minuten entfernt. Vor etwa einer Stunde hat Dr. Eiche bei der Familie König angerufen und Tatjana, die das Gespräch entgegennahm, gebeten, mit Fabians Tochter Stefanie sprechen zu dürfen. In ihrer Aufregung ließ Tatjana den Hörer gleich zweimal hintereinander zu Boden fallen, bevor sie ihn Stefanie in die bereitgehaltene Patschhand drücken konnte.

Mit wenigen kurzen Sätzen versuchte Dr. Eiche dem Kind die immer noch prekäre Situation ihres Vaters zu erklären. Dabei erwähnte er, dass Stefanie ihren Vater, der sich riesig auf das Wiedersehen freut, zwar sehen und auch mit ihm sprechen darf, ihn aber weder berühren noch sich in irgendeiner Weise an ihn schmiegen kann. Ihr ‚Papa', so erläutert er dem Kind, ist dazu noch viel zu schwach um ihre liebevolle Zärtlichkeit zu erwidern ohne seinen derzeitigen körperlichen Gesundheitszustand dabei nicht zu gefährden.

Stefanie, zwar erst acht Jahre alt, versteht auf Anhieb die ernsten Worte des Arztes und auch ihre Bedeutung.

„Onkel Fritz, sei ganz beruhigt. Ich werde alles genau befolgen, wie du es mir gesagt hast. Schließlich will ich ja auch nur, dass mein Papa so bald wie möglich wieder gesund wird."

Durch den starken Berufsverkehr auf der Autobahn Nr. 401 nimmt die Anfahrt in Richtung Kitchener doch rund zwei Stunden in Anspruch, bis endlich das Ambulanzfahrzeug in die Hauseinfahrt der Königs einbiegt. Zwei unendlich lange Stunden, die die Aufregung mit der dazugehörigen Angst besonders Tatjana auf die wohl härteste Probe ihres bisherigen Lebens gestellt haben.

Sofort nach der Ankunft und dem Öffnen der Haustüre ordnet Dr. Eiche an, dass sich Fabians Tochter Stefanie, Tatjana und ihre Mutter Elisabeth unverzüglich in das für Fabian bereits sorgfältig hergerichtete Krankenzimmer begeben, um ihn dort begrüßen zu können. Er möchte nämlich unbedingt einen vorzeitigen Empfang in der Eingangshalle vermeiden, damit sich nicht Fabian in seinem Glücksgefühl zu irgendwelchen unbedachten oder unbeabsichtigten Bewegungen hinreißen lässt.

Mit der gebotenen Vorsicht und ohne die geringsten Erschütterungen bringen die Sanitäter den auf einer bettähnlichen Krankentrage angeschnallten Fabian mit ihrer langjährigen Erfahrung in das nur wenige Stufen über dem Erdgeschoss liegende Krankenzimmer. Der Chirurg Dr. Michael Pfeiffer, den Dr. Fritz Eiche noch aus seiner Assistenzzeit im ‚Western Hospital' in Toronto kennt, hat es sich nicht nehmen lassen, das Team nach Kitchener zu begleiten, obwohl sein Arbeitstag nach der gerade durchgeführten Operation eigentlich zu Ende gewesen wäre.

Endlich klappt das Sanitätspersonal die Abstellvorrichtung aus und setzt diese vorsichtig ab. Wie die schönsten blauen Kornblumen strahlen Stefanies große Augen, als sie am Kopfende, dort wo Fritz Eiche sie hin postiert hat, in das bleiche und erschöpft wirkende Gesicht ihres Vaters schauen darf.

Die seitlich neben ihr stehende Tatjana kann ihre Tränen nicht mehr länger zurückhalten und ihre Mutter wischt sich mit einem überdimensionalen Taschentuch immer wieder über ihr faltiges Gesicht, um somit ihre Gefühlsregungen zu verbergen, beziehungsweise unter Kontrolle zu halten. Das Bild der Rührung, welches sich momentan vor dem medizinischen Personal abspielt, dauert nicht mal eine Minute. Eigentlich nur so lange bis die ‚Para-Meds' die erforderlichen Kontrollmonitore an der dafür vorgesehenen Halterung über Fabians vorübergehendem ‚Bett‘ angeschlossen haben.

Fabian, zwar bleichgesichtig aber hellwach, hebt gerade seine rechte Hand um seine kleine, liebste Stefanie mit einer eindeutigen Bewegung zu bitten, sich an seine rechte Seite zu begeben, damit er wenigstens, wenn auch nur für einen Moment ihre Hände in den seinen halten kann. Gerade in dem Moment, als das Kind sich ihm zuneigt, versucht er sich leicht aufzurichten.

Nichtsahnend schauen die beiden anwesenden Ärzte zu, als Fabian versucht seinen Oberkörper anzuheben und dann, wie von einem derben Schlag getroffen, leblos vorneüber kippt und seine Gesichtsfarbe bläulich anläuft.

Auf der einen Seite des behelfsmäßigen OP-Tisches hat Dr. Eiche, auf der anderen sein Kollege Dr. Pfeiffer seinen Platz bezogen. Beide bemerken daher fast im gleichen Moment, dass sich Fabian Bauer durch den plötzlichen Versuch des Aufrichtens selbst unbewusst in eine Lungenembolie gestürzt hat, welche sich in Sekundenschnelle durch das Eintreten des Herzkammerflimmerns bemerkbar macht.

Rücksicht ist in dieser Situation, in der Sekunden über Leben und Tod entscheidend sind, am falschen Platz und mit den heftigen Ruderbewegungen seiner beiden Arme stößt Fritz Eiche Tatjana und Stefanie wie zwei Spielbälle zur Seite.

Während der erst kurz zuvor angeschlossene Monitor vorhin durch eine gezackte Linie noch die Puls- und

Blutdruckwerte nach Beurteilung der beiden Ärzte als äußerst befriedigend übermittelt hat, ist jetzt nur noch ein langer gerader Strich sichtbar.

Ruckartig reißt Fritz Eiche die warme Zudecke von Fabian, legt dessen Oberkörper frei und beginnt innerhalb weniger Sekunden mit den Wiederbelebungsversuchen.

Mit sanfter Gewalt schiebt Dr. Pfeiffer Stefanie und ihre ‚Omi' Elisabeth aus dem Raum. Laut schluchzend und total innerlich aufgewühlt, hat Tatjana bereits das Krankenzimmer Augenblicke vorher verlassen. Ohne jegliche Überlegung und keines klaren Gedankens mehr fähig, rennt sie nur verhältnismäßig mit einer leichten Weste bekleidet, durch die nach draußen führende Esszimmertüre in die eisige Kälte.

Obgleich die momentane Außentemperatur etwa um die -10°C zeigt, merkt sie nicht einmal, wie sie in Minutenschnelle vom heftigen Schneefall in kurzer Zeit total eingehüllt wird. Ihr gesamter Körper wird von einem unkontrollierbaren Schütteln überwältigt und Tränen laufen in kleinen Bächen über ihr sonst so ebenmäßiges und hübsches Gesicht. Nur ein einziger Gedanke hat sich in ihren Kopf eingenistet:

‚Lieber Gott, lass es nicht wahr sein. Bitte, bitte, lass es nicht wahr sein. Du allein weißt, wie ich an deine Güte und Großmütigkeit glaube und dich anbete. Nur ein einziges Mal in meinem bisherigen Leben habe ich mich unsagbar in einen anderen Menschen verliebt. Bitte,

bitte lass es nicht wahr sein, bitte gib ihn Stefanie und mir zurück.‘

Sie möchte laut aufschreien, doch kein einziger Laut kommt über ihre Lippen. Nur das hemmungslose und unkontrollierbare Schütteln ihres gesamten Körpers zeugt von ihrem unsagbaren Schmerz.

Im Krankenzimmer kämpft Dr. Eiche und der Rest des Teams mit den Wiederbelebungsversuchen. Verzweifelt und mit zweimaligen jeweils hintereinander durchgeführten dreißig Pumpversuchen mit gleichfalls zweimaliger Beatmung, versucht er das Herz Fabians wieder zum Schlagen zu bringen. Dann wendet er den Defibrillator mit 200 Joule Spannung an. Nichts geschieht. Auf dem Monitor ist nur eine gerade Linie zu sehen. Doch noch gibt sich der erfahrene ehemalige Militärarzt nicht geschlagen. Wieder setzt er zu jeweils zweimal dreißig Pumpversuchen innerhalb einer Minute, inklusive zweimaliger Mund zu Mundbeatmung an. Wieder nichts, die gerade Linie auf dem Monitor zeigt keinerlei Veränderung an.

Dr. Michael Pfeiffer steht mit den zwei Sanitätern am Kopfende der Krankenbahre. Als Fritz Eiche ihm jetzt einen kurzen aber fragenden Blick zu wirft, ist ein leichtes Kopfschütteln seine einzige Antwort. Es ist vorbei, die Chancen sind vertan oder vielleicht waren sie auch einfach nie vorhanden.

Dr. Fritz Eiche blickt für einen Moment umher, einen ratlosen und zugleich auch verständnislosen Eindruck erweckend. Jedoch wirklich nur für einen Moment, bevor er in unbändiger Wut und von Verzweiflung gepackt, laut aufschreit:

„Er ist mein Freund, mein bester Freund, Sensenmann du kriegst ihn nicht, noch lange nicht“.

Er startet erneute Pumpversuche, diesmal für zwei Minuten, also jeweils zweimal dreißig mit zwei Beatmungen per Minute. Erneut schreit er:

„Defibrillator auf 300 Joule setzen, alle zurücktreten.“

Dann setzt er abermals mit beiden Händen die bügeleisenartigen Geräte auf Fabians Brust an, um in einem letzten Versuch dessen Herz wieder zum Schlagen zu bewegen. Wie gebannt schauen alle Anwesenden auf den seitwärts über dem OP-Bett hängenden Monitor.

Doch jetzt ist es Dr. Pfeiffer, der schreit:

„Ich bekomme einen schwachen Puls, Blutdruck 85 über 55 und steigend. Wir haben ihn, wir haben ihn.“

Dr. Michael Pfeiffer und seine beiden Sanitäter schütteln sich die Hände, sie nehmen sich in die Arme, ihr Jubel ist grenzenlos. Alle drei freuen sich wie Kinder am Weihnachtstag über ihre Geschenke. Ihre Freude und Überschwänglichkeit ist überwältigend. Dr. Eiche hat es geschafft, Fabian Bauer wieder ins Leben zurückzurufen.

Doch der hartgesottene ehemalige Militär- und Notarzt

Dr. Fritz Eiche steht neben dem behelfsmäßigen OP-Tisch. Seine rechte Hand hat er in die offene linke Hand seines Freundes Fabian gelegt. Seine Augen sind geschlossen und nur eine dicke Träne rollt langsam seine Wange hinunter.

Tatjana verharrt noch immer wie total betäubt in der eisigen Winterkälte, als sie plötzlich spürt, wie zwei warme Kinderhände ihre linke Hand ergreifen und versuchen, sie mit kräftigen Zügen durch die jetzt offenstehende Esszimmertüre ins Haus zu ziehen.

Gerade in dem Moment als sie sich bücken will, um die kleine Stefanie an sich zu drücken, beginnen ihre Gedanken das zu verarbeiten, was sich in der letzten Stunde abgespielt hat. Der seelische Schmerz, der ihr fast den Verstand geraubt hat, wird urplötzlich vom körperlichen abgelöst, als sie beginnt, die eisige Kälte zu spüren.

Dennoch möchte sie nicht mit der kleinen Stefanie in das Haus zurück, in dem, wie sie glaubt, der gesamte Schmerz sie wieder voll treffen wird. Doch das Kind lässt nicht locker. Erst als sie mit Tatjana an der Hand im Esszimmer steht und die zugeschobene Außentüre sie vor der eisigen Kälte bewahrt, wird sie auf das freudige Ereignis, welches aus dem Krankenzimmer an ihr Ohr dringt, aufmerksam. ‚Hat sie nun total ihre Sinne verloren? Hört oder sieht sie eine Fata Morgana?'

Die Kleine schaut sie auf einmal wie verzaubert an, nimmt sie bei der Hand und bittet sie, ihr zu folgen. In

Fabians Krankenzimmer herrscht immer noch eine freudige Aufregung, die Tatjana momentan sichtlich nicht nachvollziehen kann. Doch dies ändert sich als Fritz Eiche jetzt mit strahlendem Gesicht auf sie und das Kind zuschreitet um, wie er sich ausdrückt, ihnen ein kleines Überraschungsgeschenk anzubieten:

„So, ihr Beiden, Fabian oder besser gesagt Stefanie, dein Papa, wird nun jeden Moment die Augen aufschlagen und um sein Aufwachen zu beschleunigen, darf jeder von euch beiden ihm einen, aber bitte nur ganz zarten ‚Überlebenskuss' auf die Stirne drücken."

Was sein Töchterlein bereits weiß, wird für Tatjana nun zur freudigen Wirklichkeit. Fabian lebt und die zwar nur hauchzarte Berührung seines Gesichtes durch Stefanie und Tatjana bringen ihn ohne Vorwarnung ins Bewusstsein zurück. Indem er augenblicklich noch total verwirrt, seine Augen aufschlägt, ist er sich vollkommen unbewusst, wo er sich befindet und was um ihn herum vor sich geht.

Erst nach einigen wenigen vorsichtig formulierten Sätzen von seinem Freund Fritz Eiche huscht ein beruhigendes Lächeln über sein Gesicht, bevor er seine Augen wieder schließt.

Nach einigen Minuten der Entspannung für alle, bittet Dr. Pfeiffer die im Zimmer des Patienten Anwesenden, den Raum zu verlassen, um die weitere Behandlung Fabians mit seinem Kollegen Dr. Eiche unter sich zu besprechen.

Nach einer rund fünfzehn Minuten dauernden Besprechung steht der Beschluss der Ärzte in beiderseitigem Einvernehmen fest: Sie werden in den nächsten Minuten durch eine Unterkühlungsinjektion Fabian Bauer für die nächsten zwei Tage in ein künstliches Koma bringen. Damit wollen sie mit größtmöglicher Sicherheit vermeiden, dass irgendwelche neurologische Schäden nach seiner Wiedergenesung zurückbleiben werden.

Etwa zwei Stunden später, Dr. Fritz Eiche hat inzwischen durch eine Injektion Fabian Bauer für die nächsten achtundvierzig Stunden ins Reich der Träume gesandt, hat sich im Haus der Königs außer der noch immer herrschenden Aufregung und Nervosität nichts Besonderes ereignet. Dr. Michael Pfeiffer und das Sanitätsteam beschließen daher, ohne weitere Verzögerung zum ‚Toronto Western Hospital 'zurückzukehren.

Die kleine Stefanie, von der auf sie einströmenden Aufregung und den Vorgängen um sie herum, total erschöpft, ist inzwischen im Wohnzimmer tief und fest eingeschlafen. Tatjana und ihrer ‚Mom' Elisabeth bleiben keine andere Wahl als das Kind in ihr Bett im Obergeschoß zu tragen, ein Vorgang der von der Kleinen nicht Mal wahrgenommen wird.

Noch während dieser kurzen Zeitspanne läutet die Türklingel und die von Dr. Eiche für die Nachtwache arrangierte Krankenschwester steht vor der Tür. Endlich, nachdem er der Frau alles Notwendige für die vor ihnen liegende Nacht erklärt hat, beschließt auch er, sich in sein ihm überlassenes Zimmer im nahegelegenen ‚St. Mary's Hospital' zurückzuziehen, um wenigstens einige Stunden seines heute so hart verdienten Schlafes zu ergattern.

Nur Minuten, nachdem er das Haus verlassen hat, nimmt Tatjana als müsste es so sein, in einem der Stühle neben Fabians Bett ihren Platz ein. Es ist für sie eine Selbstverständlichkeit und sie weiß, sie wird Fabian, ihren Fabian, heute und auch in den folgenden Nächten nicht eine Sekunde aus den Augen lassen. Obgleich selbst müde und erschöpft, beobachtet sie ihn mit hellwachen Blicken. Der Versuch, ihre eigene Beherrschung wenigstens teilweise zu kontrollieren scheitert kläglich, denn immer wieder rollen Tränen über ihr hübsches Gesicht.

Glücklicherweise verläuft die Nacht so, wie von Dr. Eiche geplant. Es passiert nämlich nichts. Am folgenden Morgen, es ist nicht mal acht Uhr, steht er bereits wieder vor der Haustür. Sorgfältig inspiziert er den Patienten und Tatjana nutzt die Gelegenheit, um sich nach der langen Nacht aufzufrischen.

Während Elisabeth König es sich nicht nehmen lässt, ihren Gast mit einem kräftigen Frühstück zu versorgen, sitzen Tatjana und die inzwischen auch erwachte Stefanie am Bett ihres Vaters. Obwohl von ihrer ‚Mom' mehrmals aufgefordert, doch wenigstens etwas zu sich zu nehmen, schlägt Tatjana jegliches Essen ab. Nur zu einigen Tassen Kaffee sagt sie nicht ‚nein'.

Gerade im Moment sitzt sie wieder an Fabians Bett und schaut nur ununterbrochen in sein bleiches Gesicht, während das süße kleine Etwas neben ihr ihre linke Hand mit beiden Patschhändchen fest umklammert hält.

So vergehen Stunde um Stunde, doch Stefanie als auch ihre ‚Tante Tatjana' scheinen jedes Zeitgefühl verloren zu haben. Erst am späten Nachmittag, draußen macht bereits die kommende Nacht durch den langsamen Anbruch der Dunkelheit auf sich aufmerksam, erscheint Dr. Eiche mit einer stattlichen Dame, die er für seine Zwecke aus dem nicht zu weit entfernt liegenden Krankenhaus angeheuert hat.

Die staatlich geprüfte Krankenschwester mit dem schönen Namen ‚Angelika' wird nicht nur in den nächsten Stunden als seine Assistentin fungieren, sie wird auch in der kommenden Nacht im Krankenzimmer die Nachtwache übernehmen. Dr. Fritz Eiche wird innerhalb der nächsten Stunde mit ihrer Assistenz nochmals eine Injektionsnadel in die Kanüle an Fabians Hand einführen.

Es ist der Inhalt dieser Injektion der Fabian Bauers Körpertemperatur langsam aber sicher wieder auf ‚Normal' und ihn damit aus dem Koma ins Leben zurückholen wird.

Während die Krankenschwester auf dem neben Fabians Krankenbett stehenden Nachtkasten mit größter Sorgfalt die erforderlichen Vorkehrungen trifft, bittet

Fritz Eiche Tatjana und die kleine Stefanie ihm ins einige Treppenstufen tiefer liegende Wohnzimmer zu folgen.

Während die Beiden auf der Couch ihre Plätze eingenommen haben und er sich selbst in einem der wuchtigen und bequemen Sessel niedergelassen hat, schaut er die kleine Tochter seines Freundes als auch Tatjana eine Zeitlang an. Tatjanas Kopf schaukelt auf ihren schlanken Schultern Hin- und Her, den Eindruck erweckend als gehöre er nicht zu dem darunter sitzenden Körper. Sie hat offensichtlich nicht die geringste Ahnung, wie viel Stunden sie ihrem dringenden nötigen Schlaf widerstanden hat. Auch jegliches Zeitgefühl scheint ihr abhandengekommen zu sein.

Die kleine Stefanie ist jedoch hellwach und schaut mit ihren großen blauen Augen und äußerster Konzentration in das Gesicht des vor ihr sitzenden Arztes, den sie eigentlich nur als ‚Onkel Fritz' kennt. Immerhin, das weiß und fühlt sie instinktiv, dreht sich momentan alles um das Wohlergehen ihres heiß geliebten ‚Papas'.

Elisabeth König hat inzwischen auf einem kleinen Tisch eine übergroße Kanne mit starkem Kaffee bereitgestellt, denn mit besorgtem Gesicht hat sie den derzeitigen Übermüdungszustand ihrer Tochter wahrgenommen.

In gemäßigten Schlückchen trinkt auch Fritz Eiche das ihm angebotene wohlriechende Getränk, bevor er Stefanie und Tatjana in die erwartungsvollen Gesichter schaut und dann zu sprechen beginnt:

„So ihr Beiden, Schwester Angelika und ich haben alles vorsorglich organisiert, um euren ‚Schatz' oder soll ich nicht doch besser sagen ‚euren Märchenprinz' aus seinem Schlaf aufzuwecken. In wenigen Minuten werde ich ihm, nennen wir es mal die ‚Aufweckmedizin' injizieren und danach dürft ihr beide noch eine Zeitlang in seinem Zimmer verbringen. Schwester Angelika wird die Monitore überwachen, während ich nochmals ins Krankenhaus zurück muss, da ich einem Arztkollegen meine dringend benötigte Hilfe angeboten habe.

Stefanie, dein ‚Papa' ist noch sehr schwach, deshalb werde ich meine Dosierung so einteilen, dass es etliche Stunden dauern wird, bevor er aufwacht.

Es wird also das Beste für dich sein, wenn deine ‚Omi' dich wie gewohnt zu Bett bringt und du morgen früh deinen ‚Papa' begrüßen kannst. Tatjana, dir kann ich nichts sagen oder vorschreiben, doch versuche wenigstens jetzt einige Stunden Schlaf zu ergattern. Anderenfalls kann es dir ohne Weiteres passieren, dass du Fabians Aufwachen wirklich verschläfst, denn um es dir ehrlich zu sagen, dein jetziger Zustand sieht doch recht 'mitgenommen' aus. "

Dabei verzieht er sein Gesicht zu einem breiten Grinsen:

"Wo die Liebe hinfällt, hat der Verstand sowieso von vorneherein verloren".

Danach leert er hastig den Rest aus seiner Kaffeetasse

und begibt sich unverzüglich zurück ins Krankenzimmer. Es dauert eine weitere halbe Stunde bis er und die Krankenschwester alles, einschließlich der an Fabian angeschlossenen Monitore, in die von ihnen vorbestimmten Positionen gebracht haben. Dann setzt er die Injektionsnadel in die Kanüle an Fabians Hand an. Innerhalb von sieben bis acht Stunden wird sein Freund nun aus dem Reich der Träume langsam aber sicher in die Realität zurückkehren.

Seine hellbraune Arzttasche unter seinen Arm geklemmt, verabschiedet er sich von Schwester Angelika, die ihn, wenn Fabian einen bestimmten Punkt im Aufwachprozess erreicht hat, sofort telefonisch verständigen wird.

Aufgelockert und fast vergnüglich wirkend, zwinkert er den zwei Frauen und Stefanie im Vorübergehen mit einem Auge zu und lässt dabei drei erstaunte Gesichter zurück, bevor er die Haustüre hinter sich schließt.

‚Omi' Elisabeth mit ihrer Mutter- und Großmuttererfahrung gelingt es ohne besondere Aufforderung, die kleine Stefanie zur gewohnten Zeit in ihr Bett zu bugsieren, während sich Tatjana, wohin wohl schon, natürlich wieder schnellstens ins Krankenzimmer begibt. Mit einigen Tassen des recht stark gebrauten Kaffees hat sie sich regelrecht aufgeputscht und während sie mit der Krankenschwester eine einfühlsame Unterhaltung startet, versäumt sie die Anzeichen der totalen Übermüdung ihres Körpers wahrzunehmen. Während sie gefühlsmäßig zeitweilig ein totales Hoch durchwandert, stürzt sich ihr Körper, ausgelaugt von extremer Müdigkeit und Überbelastung in ein regelrechtes Tief.

Es ist inzwischen kurz vor Mitternacht als die Krankenschwester den unvorhergesehenen körperlichen Zusammenbruch ihrer total erschöpften Gesprächspartnerin registriert. Mit ein paar Handbewegungen schiebt sie die zwei im Zimmer befindlichen Sessel zusammen und mit sanfter Gewalt befördert sie die sich wie im Tiefschlaf befindliche Tatjana in eine einigermaßen komfortable Position.

Unten, im Wohnzimmer schlägt die mit wertvoller Holzschnitzerei verzierte Wanduhr gerade fünf Mal, als Tatjana wie von einer Tarantel gestochen, mit schreckverzerrtem Gesicht aus ihrer Liegestellung aufspringt:

„Was ist passiert? Wo ist Fabian? Wo ist Stefanie?“

Fast angsterregend sprudeln die Worte aus ihrem Munde. Bevor es Schwester Angelika gelingt, um das Krankenbett herum an ihre Seite zu gelangen, wird sie wieder wie vor zwei Tagen von einem Weinkrampf befallen. Ihr gesamter Körper schüttelt sich in unkontrollierbaren Bewegungen vom Kopf bis zu den Füßen.

Irgendwie verständnisvoll, ja fast liebevoll nimmt die Krankenschwester die nun hemmungslos weinende Tatjana in ihre Arme, bevor sie sie mit vorsichtigen Bewegungen in die Arme ihrer im Türrahmen erschienenen Mutter Elisabeth schiebt.

Erschrocken wirft Schwester Angelika einen Blick auf die Monitore seitlich über Fabians Bett. Die Nadeln der Anzeigegeräte sind nur noch einen Deut weg von der Grenzschwelle. Nun wird es höchste Zeit, Dr. Eiche zu benachrichtigen. Schon nach dem zweiten Klingelton ist er am Hörer:

„Alles klar, ich bin in weniger als fünfzehn Minuten bei ihnen!“

Anscheinend hat auch er in seinen Klamotten geschlafen, denn tatsächlich steht er schon nach wenigen Minuten im Hausflur.

Wie von Dr. Eiche am Vorabend angeordnet, hat Schwester Angelika alle ihr aufgetragenen Vorbereitungen für Fabians Auf- oder Wiedererwachen bereits getroffen.

„Guten Morgen Schwester, alles in Ordnung?“

„Guten Morgen Dr. Eiche, alles wie besprochen in bester Ordnung!“

„Dann wird also unser lieber Fabian in wenigen Minuten die ersten Lebenszeichen von sich geben.“

Tatsächlich dauert es nicht Mal fünfzehn Minuten bis Dr. Eiche die ersten leichten Zuckungen in Fabians Händen wahrnimmt. Während die kleine Stefanie noch tief und fest schläft, hat Fritz Eiche Tatjana mit sanfter Gewalt in einen Wohnzimmersessel platziert. Mit übergroß geweiteten Pupillen schaut sie aufgeregt zu ihm auf.

„Tatjana, du brauchst dir jetzt wirklich keine Sorgen mehr zu machen. Ruhe dich noch für eine Weile aus. Schwester Angelika und ich werden schon dafür sorgen, dass jetzt nichts mehr schiefgehen kann. Aber jetzt muss ich zu ihm, denn lange wird es nicht mehr dauern, bis er die ersten Anzeichen von sich gibt. Ich verspreche dir, ich werde dich auf dem Laufenden halten. Leider kann ich dich in der momentanen Phase nicht ins Zimmer lassen. Ich hoffe, du hast Verständnis dafür."

Mit zwei großen Sprüngen meistert er die vier Treppenstufen bevor er Fabians Zimmer betritt und die Türe vorsichtig hinter sich schließt. Schwester Angelika schaut ihn mit einem fragenden Blick an und deutet dabei auf Fabians Hände, in die nun durch leichtes aber stetiges Zucken Bewegung kommt. Als Nächstes entdecken sie praktisch zur gleichen Zeit ein unstetes Hin- und Her Flackern seiner Augenlider.

Dr. Eiches Blicke wandern zwischen den angegebenen Werten auf den Monitoren und Fabians Gesicht vor und zurück. Das Zwinkern seiner Augenlider nimmt jetzt stetig und auch ständig schneller werdend, zu. Die Pulswerte steigen langsam aber sicher auf 75 und gleichzeitig klettern seine Blutdruckwerte innerhalb weniger Minuten auf 135 über 85. ‚Diese Werte sind ja so ideal wie sie besser nicht sein könnten' sind Dr. Eiches Gedanken. Gerade in diesem Moment öffnet Fabian seine Augen. Seine Augäpfel schwirren zwar noch unstetig hin- und her, bevor sie sich endgültig auf seines Freundes Gesicht konzentrieren. Ein plötzliches Würgegefühl überkommt Fabian. Wie aus dem Nichts kommend, hebt er seine rechte Hand, möchte den Beatmungsschlauch aus seinem Mund herausreißen, doch sein Freund Fritz hält mit sanfter Gewalt seine Hand im Zaum.

„Fabian, kannst du mich hören? Blinke bitte mit den Augenlidern!“

Ja, Fabian nimmt alles um ihn Herumgeschehende und auch seines Freundes Stimme ohne die geringsten Schwierigkeiten wahr, welches er durch sein Augenzwinkern dem Arzt auch deutlich zu verstehen gibt.

„Fabian, wir werden vielleicht noch fünfzehn Minuten oder so warten, bevor ich den Beatmungsschlauch aus deinem Mund entferne. Bleib nur ruhig mein Freund, so wie alles im Moment ausschaut, hast du es geschafft. Alle deine Überlebenswerte zeigen uns nämlich grünes Licht.“

Immer wieder kontrolliert der Arzt Puls- und Blutdruck, bei Gelegenheit zwinkert er auch Fabian zu, der seinerseits seines Freundes Handhabungen genauestens zu beobachten scheint. Jedenfalls lässt das Rollen seiner Augäpfel dies erahnen bzw. darauf schließen. Für einige Minuten kehrt Dr. Eiche seinem Freund den Rücken zu. Er erweckt den Eindruck als ob er mit einem Auge aus dem Fenster in die Schneelandschaft schaut, während er mit dem anderen die seitlich über Fabian hängenden Monitore kontrolliert.

Ruhig und gelassen bückt er sich jetzt über Fabians Oberkörper, beobachtet ihn eine kurze Weile, bevor er ihn bittet, tief einzuatmen. Fabian tut natürlich wie ihm geheißen und ohne weitere Vorwarnung zieht Dr. Fritz Eiche den Beatmungsschlauch aus Fabian Bauers Mund.

Nach einem paarmaligen tiefen Ein-und Ausatmen, Dr. Eiche beobachtet nicht nur ihn genauestens, sondern auch die beiden noch angeschlossenen Monitore mit Argusaugen, versucht Fabian mit ihm zu sprechen. Doch es dauert eine gewisse Zeit bis es Fabian gelingt, die ersten Worte klar und deutlich über seine Lippen zu bringen.

Nach einem kurzen Wortwechsel Dr. Eiches mit Schwester Angelika, bringt diese eine fast dem Durchdrehen nahe Tatjana und die nicht weniger aufgeregte noch im Nachtgewand ziellos umherwandernde Stefanie an die nur einen Spalt geöffnete Zimmertüre, um die Beiden einen kurzen Blick auf den Patienten werfen zu lassen. Danach schließt sie vorsichtig die Türe und verspricht ihnen hoch und heilig, heute Nachmittag ihren Wunsch mit dem nun Genesenden zu sein, ganz sicher in Erfüllung gehen zu lassen. Nicht nur das, sie werden sogar beide kurz mit ihm sprechen dürfen. Doch für die nächsten paar Stunden ist noch äußerste Ruhe und Vorsicht das oberste Gebot.

Für Tatjana und das kleine Mädchen beginnt die längste Wartezeit ihres Lebens. Selbst Tatjanas ‚Mom' Elisabeth ist von einer nervenzermürbenden Unruhe erfüllt und in der auch sie erfassten Aufregung lässt sie das Tablett mit dem zusammengestellten Kaffeegeschirr klirrend zu Boden fallen. Mit einem gekünsteltem Lachen und Tränen in ihren großen braunen Augen, erklärt sie spontan ihren beiden hilflosen Zuschauern:

„Es wird alles gut werden, Scherben sind ja bekanntlich Glücksbringer."

Inzwischen hat Dr. Eiche Fabians Bandagen gewechselt und mit einem zufriedenstellenden Blick entlässt er gegen elf Uhr morgens die nun auch von der Aufregung der vergangenen recht langen Nacht ermüdete Krankenschwester Angelika. Nicht jedoch, bevor er sich mit einem freundlichen und auch zugleich herzlichen „Dankeschön" von ihr verabschiedet.

Dann endlich, es ist inzwischen drei Uhr nachmittags geworden, ruft er Fabians Töchterlein Stefanie und Tatjana ins Krankenzimmer. Fabian wirkt sehr geschwächt und sein Gesicht ist immer noch von einer fast durchsichtig wirkenden Blässe überzogen.

Doch als seine kleine Stefanie plötzlich an seiner Bettseite steht, strahlt er das Kind mit seinen stahlblauen Augen an und zwar mit einer solchen Intensität wie es das Kind nie zuvor in der Vergangenheit bei ihm wahrgenommen hat.

Beide Hände nach ihr ausstreckend, zieht er sie

gefühlvoll an seine Wangen und dabei ihr zierliches Gesicht immer wieder liebkosend.

Tatjana ist beim Betreten des Zimmers schüchtern und ihre Gefühle im Zaum haltend, am Fußende des OP-Betts stehengeblieben und mit einer gewissen Bewunderung in ihrem Gesichtsausdruck blickt sie auf das rührende Bild, welches sich gerade vor ihren Augen abspielt.

Plötzlich, wie in einem Märchenland, bemerkt sie mit tränenverschleierten Augen, wie Fabian ihr mit beiden Händen andeutet, an seine Seite zu kommen:

„Prinzessin, was ist? Hast du mir denn Garnichts zu sagen?“

Als sie direkt neben ihm steht, ergreift er ihre Hände. Sie möchte sich am liebsten auf ihn stürzen, alle Hemmungen zur Seite drängen, ihn nur küssen, immerzu nur küssen. Doch wie versteinert steht sie da, Tränen laufen kleinen Rinnsalen gleich, ihre Wangen hinunter und werden von Fabians Bettlaken aufgesogen.

In diesem Augenblick der totalen Verwirrung ergreift Fabian ihre Hände und zieht sie mit sanfter Gewalt zu sich hinunter. Dann küsst er sie, immer und immer wieder. Mit liebevoller Zärtlichkeit berühren seine Lippen ihren wohlgeformten Mund und der danach folgende Kuss endet erst, als Tatjana mit weit aufgerissenen Augen zu der neben ihr stehenden kleinen Stefanie aufschaut, die das gesamte Schauspiel mit strahlendem Gesicht beobachtet hat.

Mit einer gewissen Schamröte, die sich in Windeseile über ihre Wangen verbreitet, gesteht sie Fabian und seiner kleinen süßen Tochter, dass sie zwar schon einige Male, meist spaßeshalber, geküsst worden sei:

„Aber von einem gerade erst zu neuem Leben Erwachten, hätte ich so etwas nicht Mal in meinen kühnsten Träumen erwartet."

Zum ersten Mal, sie kann sich nicht Mal erinnern nach wie vielen Tagen, strahlen ihre ausdrucksvollen grünen Augen wieder in einem warmen Glanz, begleitet von einem herzlichen Lachen, dass sich über ihr ebenmäßiges und hübsches Gesicht verteilt.

Nach rund einer Stunde, die Zeiger der Wohnzimmeruhr zeigen auf vieruhrdreißig, betritt Dr. Fritz Eiche mit einer für die nächsten fünf Tage angeheuerten Krankenschwester das Zimmer. Er überblickt kurz die noch an Fabian angeschlossenen Monitore und erklärt dabei ‚Schwester Hilda' einige außergewöhnliche Besonderheiten. Alles scheint in bester Ordnung zu sein, ja man kann die Zufriedenheit geradezu in Fritz Eiches Gesicht ablesen.

Mir grinsender Miene bittet er die kleine Stefanie als auch Tatjana ihm ins Wohnzimmer zu folgen. Nachdem die Drei dort gemeinsam Platz genommen haben, schaut er in die Gesichter der Beiden:

„Liebe Stefanie, liebe Tatjana, wie ihr ja nun selber

heute Nachmittag miterlebt habt, ist dein ‚Papa' und wenn ich mich so ausdrücken darf," dabei er schaut geradewegs in Tatjanas Augen, „dein Fabian auf dem besten Weg der Genesung. Aber fünf Tage müssen wir ihm noch unbedingte Ruhe gewähren, damit er so schnell wie möglich wieder auf die Beine kommt. Stefanie, du darfst ihn natürlich so oft du willst, besuchen, aber immer nur für wenige Minuten. Kannst du mir das versprechen?"

Stefanie schaut den Arzt mit ihren großen blauen Augen an:

„Ja Onkel Fritz, dafür gebe ich dir mein großes Ehrenwort."

Dabei hebt sie mit Stolz und voller Freude ihre rechte Hand, um sie mir Dr. Eiches zusammenzuklappen. Aufgeregt wie ein kleines Kind rutscht Tatjana, auf der Kante ihres Sessels sitzend, hin und her, während Fritz Eiche, sich ihr zugewandt, weiterspricht:

„Tatjana, Schwester Hilda wird in den nächsten fünf Tagen und Schwester Angelika in den nächsten fünf Nächten auf unseren gemeinsamen Freund aufpassen. Das sind für die beiden Frauen jeweils Zwölfstundenschichten, dafür sind sie ja auch ausgebildet.

Dich möchte ich aber trotzdem mit dem Blutdruck-, Puls- und Herzmonitor vertraut machen, damit du die beiden Krankenschwestern hier und da mal entlasten kannst. Möchtest du das tun?"

„Doktor, sie meinen, ich darf…, ich meine ich darf in seinem Zimmer sein, wenn ich…“, weiter kommt sie nicht.

Denn Dr. Fritz Eiche, der als ehemaliger raubeiniger Militärarzt verschriene Mann fällt ihr ins Wort:

„Ja, du kannst Tag und Nacht mit ihm zusammen sein, aber nur wenn du mir versprichst, dass kein Geschmusi, Geschmusi, wenigstens nicht bis…“, dabei zählt er an seinen Fingern die Tage ab „bis zum Sonntag stattfindet.“ Dabei sieht und hört Tatjana ihn zum ersten Mal seit ihrer Bekanntschaft lauthals lachen.

Die kommenden Tage und Nächte verlaufen so wie sich die Betroffenen es vorgestellt haben, also ohne jegliche Aufregungen oder Besonderheiten. Fabian Bauers Genesungsprozess vollzieht sich genauso wie von Dr. Fritz Eiche erwartet. Er selbst wird noch bis zum vollendeten fünften Tag in Kitchener bleiben, will so nebenbei noch einige Freunde aus seiner Torontoer Studienzeit besuchen, doch sein Hauptaugenmerk wird auf Fabian Bauers Heilungsvorgang liegen.

‚Omi‘ Elisabeth und Tatjana kümmern sich liebevoll um die kleine Stefanie, die inzwischen ein neues Hobby entdeckt hat. Unter der Berücksichtigung des sechsstündigen Zeitunterschiedes ruft sie täglich um ein Uhr nachmittags ihren Freund Tobias in Ebenthal an, damit dieser selbst die kleinsten Details mit seinem Team (damit sind seine vier Brüder und seine einzige Schwester gemeint) an die Ebenthaler weiterberichten kann.

Tatjana, durch die großzügige Erlaubnis Dr. Eiches bekräftigt, verbringt Tag und Nacht im Zimmer ihres heißgeliebten Patienten Fabian. Nur zwei bis dreimal und während des täglichen Verbandwechsels, verlässt sie den Raum.

Während Fabian die meiste Zeit bei Tag oder Nacht im Schlaf verbringt, bleiben den beiden Liebenden dennoch genügend Augenblicke für, wenn auch nur kurze, Unterhaltungen übrig.

Ansonsten, selbst wenn seine Augenlider geschlossen sind, ist er unter der ständigen Beobachtung Tatjanas, die bei seinen geringsten Bewegungen an seiner Seite steht.

Dann, am vierten Tag fordert auch ihr, inzwischen durch zu wenigen oder keinen Schlaf, geschwächter Körper seinen Tribut. Als sie nach dem Herrichten der Bettdecke sich wieder in ihren Sessel niederlassen will, bricht sie ohne jegliche Vorwarnung ohnmächtig zusammen. Schwester Hilda gelingt es noch, sie buchstäblich in letzter Sekunde aufzufangen und in den leeren Sessel vor ihr zu heben, bevor sie auf dem Fußboden landet.

Dennoch ist es Glück im Unglück, weil gerade in diesem Moment ihre ‚Mom' Elisabeth für den zu erwartenden Dr. Eiche die Haustüre öffnet. Gemeinsam tragen der Arzt und seine weiblichen Helferinnen die leichtgewichtige Frau (Tatjana hat seit dem

Weihnachtstag zwanzig Pfund Gewicht verloren) in ihr Bett. Die kleine Stefanie, die das sich um sie herum vor sich Geschehende anfangs glücklicherweise nicht mitbekommen hat, zieht augenblicklich den im Raum stehenden Korbstuhl neben Tatjanas Bett und streichelt mit ihren kleinen Kinderhänden immer wieder liebevoll über das Gesicht ihrer so verehrungsvollen ‚Tante'.

Für den Fall, dass Tatjana plötzlich aufwachen könnte, injiziert der sie nun mit einem leichten Kopfschütteln beobachtende Dr. Eiche eine Beruhigungs- und Stärkungsspritze in ihren linken Arm.

„So, jetzt wird sie erst einmal tief und fest bis morgen Früh schlafen und dann haben wir zwei Patienten, die gleichzeitig ihre Betten verlassen dürfen. Stefanie, das wird was werden, was denkst du?"

„Ja Onkel Fritz, ich weiß es, ich spüre es und ich habe das Gefühl, es wird der schönste Tag in meinem Leben!"

Fritz Eiche kann ein breites Grinsen in seinem Gesicht nicht verbergen, als er ihr antwortet:

„Und ich werde auch das komische Gefühl nicht los, dass du sogar Recht haben könntest..."

Während zwischenzeitlich Schwester Hilda von der Nachtschwester Angelika abgelöst wird, verlässt auch der sichtlich erleichtert wirkende Arzt das Haus der Familie König im Stanley Park.

Es ist inzwischen kurz vor acht Uhr an diesem

denkwürdigen Sonntagmorgen. ‚Omi' Elisabeth und ihr kleiner Schützling Stefanie sind zwar von großer Sorge aber auch von einer noch größeren Portion Neugierde geplagt, haben inzwischen Fabians Zimmer inspiziert, alles in bester Ordnung befunden und versuchen sich gerade mit äußerster Vorsicht in Tatjanas Zimmer zu schleichen. Schweigsam stehen sie vor dem Bett der noch schlafenden Frau und Elisabeth bemüht sich nicht einmal ihre Tränen zurückzuhalten, als sie in das bleiche und doch so liebliche Gesicht ihrer Tochter blickt.

Als wenn diese sie erwartet hätte, öffnet Tatjana ihre Augen. Stets versucht sie gleichzeitig in die beiden Gesichter von ihrer Mutter und der kleinen Stefanie zu schauen:

„Was ist passiert, wo bin ich?" stammelt sie einige Male vor sich her, bevor sie sich erhebt und dann auf dem Bettrand regungslos sitzen bleibt. Mit ernsten Blicken schaut ihre Mutter Elisabeth in das nun langsam Farbe annehmende Gesicht:

„Tatjana, es ist noch zu früh zum Aufstehen, es ist alles in Ordnung, leg dich bitte noch mal hin."

„Aber ich muss..."

„Nein, du musst Garnichts, nur erholen musst du dich etwas, das ist alles."

Während Elisabeth ihre Tochter mit einem leichten Stupser ins Bett zurückbefördert, ist Stefanie zu ihrem ‚Papa' ins Zimmer gelaufen, um ihm in ihren eigenen

Worten den Vorfall mit Tatjana zu erklären.

Die Wanduhr im Haus zeigt nun fast die Mittagszeit an, als Tatjana, gekleidet in ihrem schönsten Dirndl langsam die Treppe zum Erdgeschoß hinabsteigt. Im Wohnzimmer warten bereits ihre Geschwister mit Ehepartnern, denn heute steht ein ganz besonderer Tag im Haus der Königs bevor, nämlich ein Tag den niemand der hier Anwesenden jemals vergessen wird oder möchte.

Selbstverständlich hat Elisabeth als die ‚Clan-Mutter' alle ihr von Dr. Fritz Eiche erlaubten und genehmigten Mittel in die Wege geleitet, damit das zu Erwartende wirklich zu einer ‚Einmal im Leben Show' gestaltet und ausgekostet wird.

Kurz nach zwei Uhr am Nachmittag läutet die Türklingel. Wie erwartet betritt Dr. Fritz Eiche das Haus, begrüßt alle Anwesenden mit einem freundlichen Kopfnicken und verschwindet im Krankenzimmer Fabian Bauers.

Immerhin dauert es noch fast dreißig Minuten, die besonders der kleinen Stefanie aber auch Tatjana wie eine kleine Ewigkeit vorkommen als sich endlich die Türe zum Krankenzimmer öffnet. Gekleidet in einen hellblauen Pyjama und dunkelblauem Hausmantel tritt Fabian in die wenige Stufen höher liegende Halle, fest umklammert von den starken Armen seines Freundes.

Bedächtig und mit kaum zu beschreibender Sorgfalt bringt Dr. Fritz Eiche nun seinen Patienten und besten Freund Fabian Bauer Stufe um Stufe die Treppe hinunter, bis die Beiden endlich auf sicherem Wohnzimmerboden stehen.

Etwa fünf. Meter entfernt vor dem barocken Wohnzimmerschrank stehen Tatjana und Stefanie, ihre Hände eng ineinander verschlungen. Im Raum ist absolute Totenstille eingetreten, als Fritz Eiche seinen Arm von Fabian löst und ihn einem Wegweiser gleich in die Richtung der beiden Frauen ausstreckt. Stefanie hat ihre kleinen Hände von Tatjanas gelöst und schreitet bedächtig, ja fast andächtig auf ihren Vater zu.

Zwar noch etwas geschwächt aber dennoch mit einer gewissen Sicherheit, wagt Fabian mit delikaten Schritten auf das Liebste, was er besitzt, zuzugehen. Obgleich er mit ernstem Gesicht den Raum betreten hat, kann er jetzt ein fast schelmisch wirkendes Lachen nicht verbergen. Auf der Höhe seiner kleinen Tochter angekommen, greift er in die Tasche seines Hausmantels und zieht ein mit einer kleinen Schleife zusammengebundenes Päckchen farbiger Briefumschläge heraus. Sichtlich erschrocken schaut das Kind zu ihm auf, als er ihr dasselbe in die Hände drückt:

„Stefanie, mein lieber, süßer Schatz, nur damit du es nie mehr vergisst: ‚die Zahl vier schreibt man mit ‚V' und nicht mit ‚F'".

‚Meinen ‚Papa' kann man nicht veräppeln, er hat es von Anfang an gewusst, dass ich und nicht Tatjana der Briefschreiber war, das ist mein Papa, mein lieber Papa.' Mit ihren großen blauen Augen schaut sie erschrocken aber dennoch überglücklich zu ihrem Vater auf.

Inzwischen hat sich Fabian zwei weitere Schritte nach vorne gewagt und steht nun unmittelbar vor der Frau, die ihm neben seiner Tochter mehr bedeutet, als er sich nochmals je im Leben erhofft hat. Mit einem sanften und liebevollen Blick schaut er in die sich mit Tränen füllenden, wie Diamanten glitzernden opalgrünen Augen Tatjanas.

Langsam und bedächtig fallen dann die entscheidenden Worte:

„Tatjana König, ich liebe dich mit allem, was mein Herz geben kann. Willst du meine Frau werden?“

Mit tränenüberströmtem Gesicht gelingt ihr nur ein hauchzartes ‚Ja‘, jedoch verbunden mit einem unmissverständlichem Kopfnicken.

Stefanie, das achtjährige nach Mutterliebe suchende Kind, mit der ererbten Intelligenz ihres Vaters und dem starken Willen ihrer verstorbenen Mutter, erfasst augenblicklich die Situation.

So schnell wie ihre kleinen Hände den Kraftakt bewältigen können, zieht sie einen der schweren Eichenstühle neben das voreinander stehende Paar. Jetzt, da sie auf dem Stuhl steht und mit ihrem blonden Lockenköpfchen mit ihrem Vater und Tatjana auf gleicher Höhe ist, schaut sie ihren ‚Papa‘ mit ihren großen blauen Augen an, um sich dann Tatjana zuzuwenden. Liebevoll und mit unsäglicher Zärtlichkeit streicheln ihre zierlichen Kinderhände immer wieder über Tatjanas tränenüberströmte Wangen und nur ein einziges Wort entschlüpft ihrem Munde: **„M a m a“.**

Epilog

Seit jenem fünften Tag, wie Fabian Bauer ihn in der Erinnerung zu bezeichnen pflegt, ist inzwischen einige Zeit ins Land gezogen. Aufgrund seiner äußerst starken Kondition war seine Gesundheit innerhalb der nächsten zwei Monate wieder an dem Punkt wie vor seiner lebensgefährlichen Verletzung angelangt.

In ‚Omi' Elisabeth und Tatjana haben Fabian Bauer und seine Tochter Stefanie zwei Menschen gefunden, wie man sie nur selten finden kann. Fabians Vorschlag, bis zu seiner totalen Genesung in ein Hotel umzuziehen wurde von den Beiden nicht nur geradewegs abgelehnt, sondern schlicht und einfach ignoriert.

Obwohl Kanada im tiefsten Winter steckte, unternahm die gerade gegründete Familiengemeinschaft täglich ausgedehntere Spaziergänge. Geschäftlich ließ sich Fabian nur die wichtigsten Zahlen und Daten per E-Mail oder Telefon übermitteln, um ja das gerade gefundene Glück der drei Menschen in seinem Leben nicht zu viel zu beanspruchen.

Dennoch rückte nach einiger Zeit die Entscheidung der Heimkehr nach Ebenthal näher und näher. Während man im kuschelig warmen Wohnzimmer beisammen saß und gerade einer der gefürchteten Winterstürme weite Teile Ontarios in regelrechte Schneewüsten verwandelte, stellte sich Fabian vor die auf der Couch sitzende Stefanie und ihre ‚Mama' Tatjana:

„Nur damit ihr beide Bescheid wisst, heute Morgen habe ich ein langes Gespräch mit Pfarrer Peter Weiler und dem Ebenthaler Bürgermeister Huber Meinzinger geführt. Das einzige, was ich euch jetzt verraten kann, ist die Tatsache, dass wir in Ebenthal von einer Menge Leute erwartet werden. Wenn es euch recht ist, würde ich unseren Flug nach Hause für das nächste Wochenende vorschlagen. Was haltet ihr davon?“

Während die kleine Stefanie die Frage ihres Vaters mit einem freudigen ‚Ja‘ beantwortete, schaute Tatjana mit leicht bestürztem Gesicht in die Richtung ihrer Mutter. Doch Elisabeth lachte nur:

„Ja, ja, jetzt habe ich euch lange genug bewirtet. Es ist nun an der Zeit, dass ihr in euer ‚Zu Hause‘ kommt. Tatjana du warst ja schon viel zu lange um mich herum, nun ist endlich die Zeit für dein eigenes Leben angebrochen. Ich werde hier auch weiterhin glücklich sein. Einen alten Baum verpflanzt man zwar nicht, aber des Öfteren werdet ihr schon mit meinem Besuch rechnen müssen.“

Nach diesem denkwürdigen Gespräch begann in den nächsten Tagen im Haus der Königs die große Packerei. Natürlich hatte es sich unter Verwandten und Freunden schnell herumgesprochen, dass Fabian mit Tatjana und Stefanie in den nächsten Tagen die Stätte ihres derzeitigen Aufenthaltes, die so viel Glück, Unglück, Freude und Leid für alle Beteiligten beschert hatte, verlassen werden.

Nur einen Tage nach ihrer Abreise aus Kanada und nur Stunden nach ihrer Ankunft in Ebenthal wurde die neue Familie mit großem Zeremoniell empfangen. Zwei Musikkapellen, einige Gesangvereine und Hunderte von Ebenthaler Bürger hatten sich vor dem ‚Bauer Estate' eingefunden, um Tatjana, Stefanie und ihren neuen Helden Fabian zu begrüßen.

Aus dem Empfang wurde ein regelrechtes Volksfest, welches sich bis weit in den nächsten Morgen hinzog. Max Hofstetter und seine Anni, beide von Rührung überwältigt, hätten gerne die Ankömmlinge mit einer kleinen Ansprache begrüßt, aber weder er noch sie brachten auch nur ein einziges Wort über ihre Lippen. Alles was man bemerken konnte, waren ihre Freudentränen.

Nur einer hatte es geschafft, sich durch das Menschengewühl zu kämpfen. Schließlich hatte der kleine Tobias bereits einige Stunden vor der voraussichtlichen Ankunft mit seinen restlichen Ersparnissen den schönsten Blumenstrauß, den er im Ort auftreiben konnte, erstanden, um ihn seiner liebsten Freundin Stefanie bei ihrer Ankunft zu überreichen.

Die nächsten Tage und Wochen zogen ohne besondere Vorkommnisse ins Land. Tatjana vermisste zwar anfänglich ihre ‚Mom', doch in Ebenthal und Umgebung fühlte sie sich in kürzester Zeit mit den Einheimischen, unter ihnen natürlich auch etliche Gottscheer, derartig wohl als wäre sie hier aufgewachsen.

Nachdem inzwischen wieder einige Monate verflossen sind, erwähnte Fabian in einem Gespräch mit Tatjana die volle Geschichte seiner Erlebnisse in Junin mit Franz Baumann. Immer wieder, wie er sich ausdrückte, sah er den Gesichtsausdruck des alten Mannes, der unter einem Baumstumpf eingeklemmt, bereit war, sein Leben für Fabian und die beiden peruanischen Kinder zu opfern.

Es gelang ihm einfach nicht, ihn dahin einzuordnen, wo er glaubte, ihn schon früher einmal gesehen zu haben.

Erst als er in den alten Akten über den Kauf der ‚Transatlantic Global Airlines' herumkramte, fand er ein Gruppenbild auf dem auch Franz Baumann deutlich zu erkennen war. Plötzlich fiel es ihm wie Schuppen von den Augen. Eine tiefe Bestürzung überkam ihn. Es war derselbe Mann, der sich damals mit ihm angelegt hatte, weil er es für wichtig hielt, dass jeder Airliner, der lange Strecken über unbemanntes Land oder Wasser fliegen musste, mit Sondergenehmigung im Cockpit eine ‚Flaregun' (Leuchtpistole) mit sich führen durfte.

Nach einem heftigen Streit bezüglich dieses Themas hatte der damals kurz nach Gabis Tod noch äußerst verbitterte und ruhelose Fabian Bauer den Abteilungsleiter Franz Baumann auf der Stelle fristlos entlassen.

Fabian hielt das Bild eine lange Zeit in seinen Händen. Es kam ihm vor wie eine Ironie des Schicksals und immer wieder schaute er in das Gesicht jenes Mannes, der mit großzügigem Herzen und ohne Hass (Er war sich sicher, dass Franz Baumann ihn erkannt hatte) sein Leben geopfert hatte, um ihn und die beiden peruanischen Kinder zu retten.

Nach etlichen Gesprächen und dem dazugehörenden Arrangement mit den peruanischen Behörden, beschloss er mit Tatjana und Stefanie nach Junin in Peru zu fliegen, um mit der Genehmigung der zuständigen Behörden diesem Helden ein Denkmal zu setzen.

In einer schlichten Feierstunde waren nicht nur die meisten Einwohner aus Junin anwesend, sondern selbst aus Lima waren hochgestellte Regierungsvertreter zu diesem würdigen Anlass in die Kleinstadt Junin angereist.

Den beiden geretteten Kinder Marissa und Pedro Rodriguez wurde die Ehre zuteil, das in weißen Marmor gehauene Kreuz, welches auf einem Granitsockel ruhte, zu enthüllen.

Das weiße Marmorkreuz ist von nun auf dem erhöhten Granitstein weithin sichtbar und lädt seine Besucher zu einer stillen Gedenkminute oder zu einem kurzen Gebet ein. Die wenigen in den Marmor gemeißelten Worte sind wie ein stille Mahnung für alle die an diesem ‚Airline-Desaster' beteiligt waren:

„Este es el lugar de descanco final de Franz Baumann un verdadero heroè que sacrificò su propia vida para salvar otras tres. Ques u alma encuentre la paz eterne con gratitud perdurable."

„Marissa y Pedro Rodriguez, Fabian Bauer.“

(„Hier ruht Franz Baumann, ein wahrer Held, der selbstlos sein Leben opferte, um drei andere zu retten. Möge seine Seele in Frieden ruhen.“

„In tiefer Dankbarkeit: Marissa und Pedro Rodriguez, Fabian Bauer.“)

Nur für einige Stunden beteiligten sich Fabian, Tatjana und Stefanie an den nachfolgenden Feierlichkeiten bevor sie ihre Rückreise und zwar zum letzten Mal im Airbus A319, der „Kärnten“ antraten.

Denn in den nachfolgenden Monaten verkaufte Fabian Bauer die ‚Transatlantic Global Airlines‘ und etliche andere Geschäftszweige, um sich den zwei Menschen zu widmen, die ihm von nun an sein Leben bedeuten. Eines lässt er sich jedoch nicht nehmen. Einige Male im Jahr kann man, vorausgesetzt man hat sich die Karten hierzu früh genug bestellt, seine wunderschöne Stimme bei Konzerten in Salzburg oder in Wien bewundern.

Heute ist aber ein ganz besonders herrlicher Junitag. In der von Fabian gesteuerten Limousine sitzen nämlich noch einige weitere Personen, bei denen es sich nicht feststellen lässt, wer von der größeren Aufregung erfasst ist. Tatjana oder die inzwischen fast zehnjährige Stefanie, die natürlich unter Mithilfe ihres Freundes Tobias einen wunderschönen Strauß ‚Kornblumen‘ gepflückt und nun in ihren Händen hält.

Fabian schmunzelt immer wieder vor sich hin, wenn er

einen Blick in den Rückspiegel wirft. Die beiden Damen in ihren hübschen Dirndlkleidern sind so aufgeregt, dass beide wirklich nicht eine Minute im Fond des Wagens still sitzen können. Aber schließlich befinden sie sich ja auch auf dem Weg zum Flughafen Klagenfurt, um dort Tatjanas geliebte ‚Mom' und die von Stefanie vergötterte ‚Omi Elisabeth' für einen langen, langen Urlaub in Ebenthal abzuholen.

Meinem Freund und Neffen

Jochen Böning

in Dankbarkeit gewidmet

Während alle in diesem Buch aufgeführten Orte der Begebenheiten tatsächlich existieren, sind die Geschichte sowie Charaktere und Personen der Handlung fiktiv, beziehungsweise frei erfunden.

Alle vorkommenden Ähnlichkeiten sind also rein zufällig.

Danksagung

An dieser Stelle möchte ich allen denen danken, die es mir ermöglicht haben, dieses Buch zu schreiben.

Ein ganz herzliches „Dankeschön" meiner lieben Frau Heidi, die mich immer wieder zum Weiterschreiben ermuntert hat, wenn ich von Selbstzweifel übermannt zu werden drohte.

Meinem Freund und Neffen Jochen Böning, ohne dessen „aufgekrempelte Ärmel" und technische Hilfe dieses Buch nie zustande gekommen wäre, ein außerordentliches und herzliches „Dankeschön".

Ein ganz besonderes „Dankeschön" an Gabriella Kump und ihre Tochter Lore, die beide zwar in fiktiver Weise aber dennoch zwei der Hauptcharakter in dieser Geschichte verkörpern und mir immer wieder mit ihrer Inspiration und aufmunternden Worten zur Seite gestanden haben.

„Herzlichen Dank" auch an die beiden Ärzte Dr. Thomas Karg und seinen Sohn Dr. Michael Karg für ihre großartige und großzügige Beratung beim Auftauchen aller medizinischen Fragen.

Allen „Gottscheern", die unwissentlich in der St. Mary's Gemeinde in Kitchener als auch in Ebenthal in Kärnten eine tragende Rolle in dieser Geschichte verkörpert haben, meinen allerherzlichsten Dank.

Trotz dass alle Schauplätze zwar existieren, die Darstellung der Personen und Charaktere aber fiktiv sind, möchte ich allen hier nicht aufgeführten Personen für ihre gewollte oder auch unwissentliche Mithilfe bei der Erstellung dieses Buches meinen herzlichen Dank aussprechen.

Heinz Brast

6955621R00140

Made in the USA
San Bernardino, CA
18 December 2013